The Thread of Gold

生之金線

在暗無天日的夢境中，緊緊抓住一縷希望

Benson, Arthur Christopher

亞瑟·本森 著　關明孚 譯

目錄

CONTENTS

CONTENTS

▎序言

有一個地方叫七泉谷，地處科茲窩山的山谷中。今天，我在那裡度過了一段美好的時光，感到無比的滿足。就在公路的旁邊，七條清澈的小溪潺潺流動，匯入一個不大的水塘裡，空氣也隨著美妙的溪水聲而躍動著。抬眼就能看到小樹叢裡，一隻畫眉鳥在吃飽喝足後展開動聽的歌喉，婉轉地歌唱著，沉浸在自己的愉悅之中。寧靜的午後，太陽斜斜地掛在西邊，隨著夕陽開始西下，灌木叢和樹木在古老的牧場上投下的陰影也在逐漸地拉長。

在水塘旁邊有一堵石牆，上面用拉丁文刻著一首措辭略顯生硬的六步格詩歌，根據詩中描述，這七條小溪就是泰晤士河的源頭。被稱為泰晤士河水源地的地方位於賽倫賽斯特南部的草地上，在那兒，每天有幾千加侖的清水源源不斷地從一處隱蔽的井裡泵出，從而確保泰晤士河與塞文河運河水量充足，滿足人們的日常需求。不過，泰晤士河的所有水源中屬七泉谷的地勢最高，溪水從切爾滕納姆上方的東側山脊緩緩流下。若干細流匯聚成河，稱作邱侖河。河水流經長滿老橡樹的藍德考

PREFACE

姆，後又流經地處山谷轉彎處的南塞爾尼，水流速度逐漸減慢，最終在克里克萊德匯入泰晤士河。

水珠飛濺出來落到我的腳上，泉水在春日的暖陽裡就這麼一直歡快地流向遠方，流過伊頓的綠茵場，逐漸分成若干細流，水量漸少，流速變慢，不再像原來那麼清澈，那感覺就像是在傾聽一首美妙的詩；即使在夜晚，在美麗的星空下，泉水也依舊流淌著，流經一座座村莊、城市，流過草原、碼頭。我半開玩笑半認真地請它把我小小的祝福帶上，捎給遠方的田地和樹林。

它蘊含著一個多麼神奇的寓言哲理呀！水珠閃閃發光，很快就不見蹤影；它們在茫茫的宇宙中有自己特定的位置，雖曇花一現，卻讓人無法忘懷。每一滴水珠都是那麼閃亮，那麼清新，就那麼無憂無慮地跳了出來，暴露在日光下，轉而消失不見。然而有誰會想到，那打在岩石上飛濺出來的水珠可能和岩石一樣歷史久遠，甚至有過之而無不及。自上帝創世以來，那些小水滴曾多少次漂浮於雲朵之中，又有多少次跳躍於浪花之上，亦或是融於大洋深處！最為奇妙的是猶如茫茫宇宙中一粒塵埃般渺小的我，儘管微不足道，卻可以坐在這裡用我有限的能力描繪著周遭的一切。不過我可以回首往昔，展望未來，也可以明辨是非，就是參不透光陰流逝所為

哪般，想不明白日夜更替、悲歡離合、生老病死和愛恨情仇對我來說究竟意味著什麼 —— 是真的存在著生命的開端和盡頭，還是人生如戲，而我在這氣勢恢弘、令人眼花撩亂的戲劇中所扮演的僅僅是一個茫然無措的看客？

　　然而今天周遭這一切 —— 和暖的陽光、湧動的泉水、雲霧繚繞的山谷及婉轉動聽的鳥鳴 —— 都向我傳達了一個訊息，那就是上帝希望我們能夠快樂地生活。有一天，一位生命垂危的友人寫信給我，對我說：「我的人生信條就是知足常樂，人根本沒必要自尋煩惱地問那些抽象的問題，糾結於是非因果，是非曲直。」有必要嗎？當然沒有必要。但是總會有人在情非得已的情況下迷失方向，如同在荒原中跋涉，孤立無援、飢餓難耐時也只能採摘苦澀的野果充飢。事實上，我很懷疑一個人到底能不能強迫自己如何思考。如果某人不喜歡甚至害怕反思，那麼他做起事來反而會更加愉快且目標明確。但即使如此，思緒也仍然存在，正如我們搞不太懂《哈姆雷特》、〈夜鶯頌〉這類的東西，但它們仍然存在於我們的生活當中。是讓自己陷於深思，力求弄清楚是非曲直，還是隨波逐流，每天只是做些瑣事、做個計畫、努力生存或與人閒聊？有誰又能說清這兩種活法哪個更高

PREFACE

尚、哪個更明智、哪個更正確呢？我們用了很多辦法隱藏真實的動機，因為我們不敢承認自己做選擇的能力是多麼不堪一擊，但是我們還是選擇了我們認為最適合自己的道路走下去。坦白地說，我們大家所做的一切都是按照最熟悉、最自然的方式來的。年齡越大，我越覺得我們都是在冥冥之中被驅使著做事。在現實生活中有多少人能夠做到摒棄周遭的一切完全按照自己的心意去做事呢？又有多少人能夠超凡脫俗地放棄健康、拋開抱負或是違背自己的性情呢？我覺得在我的整個人生中，沒有一次是在為自己發聲。

這就是我為什麼要寫這本書的原因：無論我們是凱旋得勝還是折戟而歸，是意氣風發還是悲觀失望，是吉星高照還是晦氣纏身，是生龍活虎還是病病殃殃，我們都是上帝的子民。我相信我們活在世上是為了去學習而不是指揮別人，是承受者而不是施予者，是被屠殺的對象而非屠殺者。儘管我們錯誤不斷、生性冷酷、為人自負且尋求自保，我們仍被上帝的偉大、仁慈、友善的心所包容。我們可以為了自己亦是為了他人而使事情變得簡單一點，但這卻不是最終的目的：我們想要的是要變得快樂、沉靜、有耐心，期望著上帝的降臨；如果可以，我們要變得知足常樂而非貪得無厭，對於那些跟我

們自己一樣脆弱的、大悲大喜的人我們應悉心照拂、充滿仁愛之心。儘管我們必須修身養性，盡最大努力不被獸性驅動從而避免不快，我們還是得在事情很糟糕的時候學著去期盼峰迴路轉，實際上我們就是在攻克難關。也許有一天當我們回首我們糾結的一生，會發現時光都是在我們靜默不語、身心放鬆、好運連連及不假思索地做事當中荒廢掉的；而收穫頗豐的時刻往往是我們焦躁不安、愁雲慘澹、痛苦煎熬之時。《生之金線》一書就像是暗無天日的夢境中的一線希望。今天我看到的那滴水珠從山脈的陰暗中滴落下來，在溪水中跳躍，奔向大海。很多美好的事情與苦澀的經歷就像那溪水中的水滴一樣融入我的書中，坦然地呈現出我這一年跋涉中的種種經歷和感受，好壞參半。有時這水珠或在暖暖的陽光裡從長滿苔蘚的暗礁之間流過，或在榛木叢生的灌木叢邊稍作停頓；而有時它則因被汙染而變得渾濁，似乎永遠也不能變乾淨了。但是最終這些泡沫、土塊、淤泥等汙染了水滴的髒東西都有它既定的去處，在水中漂浮一陣子後漸漸沉澱下來；而晶瑩的水滴則又重新變得純淨，一路歡歌著奔向既定的目標。

PREFACE

導言

導言

在我大半個人生中，我非常渴望能寫出一本文字優美的書。我曾用盡心思奮筆疾書，但是從未成功過。我所說的沒成功是指那些完工的書沒有我預期的好。我覺得我在書中顧忌太多，總是盡可能地去娛樂、討好我的讀者；但同時，在我的內心深處還潛藏著一種渴望，總想讓讀者們看到我是多麼的優秀。這種渴望就像一條小蛇盤踞在我的心中，久久不曾離去。我也盡量不讓它影響到我的寫作。只要它一現出端倪，我就急忙把它壓制下去。當然如果我知道該怎麼做，我就應該等它完全顯露出來再一次根除掉。可是我卻還是動了惻隱之心，畢竟這種渴望也是我想法中的一部分。

但是現在我突發奇想，希望這麼做可以成功。我不打算把我的書寫得妙趣橫生，甚至賞心悅目。我只想在書中記錄下讓我印象深刻的與眾不同且妙不可言的事情。我能夠欣喜地感覺到我寫的書已漸入佳境。這就好比一個身在旅途的男人在一處偏遠的地方看到一些討人喜歡、稀奇古怪的玩意兒就會買下來，不是買給自己或是滿足自己的喜好，而是特地買給在家等候自己的人，那個自己深愛的、牽掛的、一日不見如隔三秋的人，只為了討她的歡心。我就是想那樣做。我要時時念著那些我所在乎的人，把那些我喜歡的事物都寫在書中，用我所能找到的最美好的語言來描述它們。我這麼做不是為了我自己，僅僅是為了我在乎的人。而我又恰恰非常

幸運地得到了上帝的眷顧，身邊有很多老老少少值得我在乎的人。在欣賞美好的事物的時候有一個非常奇妙的現象就是往往當局者迷，旁觀者清。我面臨的唯一的困難就是我最喜歡的、帶給我極大樂趣的事物往往是只可意會不能言傳的，比如說難以捉摸的神祕事件、看得見摸不著的光線及輕微的聲響。

但是我會盡可能把造成我困擾和負擔的東西 —— 謹小慎微、焦慮不安、身體的痛楚、寂寞冷清、冷酷的想法、衝天的怒氣及一切不純潔的東西 —— 從書中刪去。我不懂為什麼我們的生活要與這些東西糾纏在一起。不過唯一令人欣慰的是即便土壤再黑、再厚，總會有美麗的花朵破土而出，繼而綻放。比如說，謹小慎微、焦慮不安及身體的痛楚帶來的負面影響讓我產生某種觸動，而這種觸動在我無所畏懼、心情愉快且身體健康的時刻是從來沒有感受過的。又如在掃除懷疑與猜忌之後，原先的怒氣讓我一次又一次體驗到了友誼的可貴。

但是純粹的美好 —— 思想之美、聽覺之美、視覺之美 —— 對於我來說也許算得上是世上最為寶貴的了。它們帶給我某種希望，這種希望可以超越生死。我們從靜默和虛無中醒來，看到些什麼，也聽到些什麼，然後再重新回歸到靜默當中去。但就在這個過程中，我們的內心充滿了愉悅。有時我們的路途充滿艱辛與孤寂，我們在泥濘的路上蹣跚而行；

而有時我們會穿過田野和灌木叢，山谷中灑滿落日的餘暉。如果我們能再冷靜一點，再安靜一點，不再過分在乎我們留給別人的印象，更加熱衷於快樂而甜蜜的事，思想再單純一點，更加知足常樂，那麼我們的生活該是多麼的美好！我越來越強烈地感覺到我們沒有太過重視這一點，因為只要稍稍向著這方面努力一點，就好像毀掉了我們身邊所有對健康有益的水果：埃斯高爾的葡萄、伊甸園的蘋果等等。我們似乎是因為愚蠢地懼怕被別人嘲笑而變得畏首畏尾，不敢暢所欲言，不敢談及這些使人愉悅的東西。

有一天，我拜讀了一位了不起的藝術家的大作 ——《論生活》。這位藝術家曾獲得國家授予的殊榮。我覺得他根本不在乎這個榮譽本身，但是他確實在乎身邊的朋友們因這份殊榮而對他的由衷讚美。我不想逐字逐句地引用他的原話，但是他的大意就是他非常納悶為什麼朋友們一定要等到這樣一個他們認為「恰當」的時機去讚美他，而不是就在某年的某一天直接寫信給他們所仰慕和熱愛的朋友，讚美他們所取得的成就。當然，正如任何事一旦變得習以為常，就會變得黯然失色一樣，如果誰都這麼去做，那麼它就會被一些愚蠢的人搞砸。不過事實卻是我們英國人一直吝嗇於去讚美、鼓勵和羨慕，也吝嗇於表達出自己的仰慕之情，其結果就是遭受損失和傷害的往往是我們自己。我們不能因為想讓人覺得

自己性格耿直就出言不遜，同樣也不應該因為怕被別人認為自己虛情假意、過分熱情而不敢表達善意。如果有些話迫不得已需要說出口，那就注意措辭，且要充滿誠意。即便說的是令人愉快的話題，誠意也分毫不能少。

現在言歸正傳，我這本書只是記錄了我的真情實感和一些奇聞趣事。我每天都很忙碌，並從中獲得不少樂趣。當然我不可能總是這樣忙碌不休，所以一旦我看到或聽到某些讓我感到高興的事物，我就會馬上把它們記錄下來。這其中也許包括某個我沒去過的地方；或是某個我所熟悉的老地方，因被日光或月光遮上了一層神祕的面紗而顯得更為靜謐；也許是一件為人津津樂道的事情；也許是一件令人難過的事，但仍有峰迴路轉的可能性在裡面；也許是我遇到的一位和藹可親的人；也許是本好書，亦或是一幅稀有的畫卷，或是一株奇花異草；也許是首美妙動聽的樂曲；或是指引我前進方向的某個奇思妙想。上帝一直保佑著我，我也因此希望可以透過這本書把上帝對我們的關愛傳遞給他人。在此之前我曾提到這本書記錄了各種美好的事物，我命名這本書為《生之金線》是希望這些美好可以像金線一樣美麗而珍貴，指引人們在暗無天日的人生迷宮中找到出路、看到希望。

最後，我要全心全意地向上帝祈禱，希望我的這本書不會違背上帝的意旨。我經常猜不透上帝的意旨，即便它是如

導言

此的難以理解，更難以實現，但是根據我的所見所聞，有一
點我是可以肯定的，那就是他的意旨是崇高而神聖的。書中
所記的一切事物都是絕對真實可靠的。我能因此而進步也許
只是一種妄想，但是我覺得既然上帝讓我決心寫這本書，那
麼我希望上帝能夠鼓舞我一直堅持不懈地寫下去。我很清楚
地知道自己不能勝任這一神聖的任務，但是希望上帝能夠幫
助我，讓我妙筆生花。

第一章　紅色的水塘

　　我住的地方群山環繞，讓人流連忘返，在群山深處靜靜地坐落著一條山谷。谷中沒有道路，只有一條蜿蜒的小溪，掩映在榛木和橙木之間淙淙潺潺地流淌著。從谷底看不到任何的房屋，只能看到山坡上的草皮和矮樹叢。離溪水不遠處有一小塊與世隔絕的地方，我時不時地會到那裡小坐一會兒。想找到去那裡的路徑非常不容易。我曾指引過外地人到那裡去，結果他們都是徒勞而歸。那裡距溪水大約有二十碼遠，周圍環繞著矮小的橙木，裡面有一個與眾不同的水塘。水塘大體上呈圓形，直徑約有十英尺，約有四、五英尺深。水塘中的水清可見底，微微呈綠色，猶如鑲嵌在那兒的一塊寶石，幽幽地發著光。水波湧動在水面上泛起陣陣漣漪。即使在再乾旱的日子裡，水塘也從未乾涸過。在隆冬時節，水面上會籠罩著淡淡的水氣，很明顯，這塘裡的水是有熱度的。

　　泉水中富含鐵質，因此水裡有股明顯的藥味。我不知道這水到底是從哪個礦床流出來的，但它一定是個大礦床，因為這泉水日夜奔流，年復一年，卻從未失去它原有的鐵的味道。這溪水一流就是幾百年。

　　水塘周圍布滿奇奇怪怪的雲霧狀的圖案，像棉花又像蜂

第一章　紅色的水塘

蜜的結晶。因為水中含有鐵質成分，水氣升起後遇氧生鏽，所以這些圖案都呈鐵紅色。但是露出來的泉眼卻呈深藍色，碧綠的泉水從中湧出，穿過朦朧的水氣，流出水塘，歡快地流入橙木掩映下的水渠，在轉彎處注入更大的一條溪水，叮叮咚咚地奔流而去，水聲能傳到一英里以外。而那橙木也因水中含鐵的緣故而妝點著斑駁的橙色。

據說這水具有神奇的療效，當地人會在月下飲下這水，相信可以消除或減少病痛。不過這水對當地的野生動物不具有任何的殺傷力，因為水鼠可以在岸邊打洞，在水中來去自由。但是因為這裡雜草叢生，水塘和水渠周圍很難種植作物。

我喜歡站在岸邊，看那碧綠的泉水從泉眼中湧出，再潺潺地流向遠方。然而這個地方的吸引人之處不僅於此，還有那不可思議的染滿鏽紅色的水邊景觀：那水塘上方朦朧的橙色水霧，還有那水塘邊泛起的黏稠的泡沫，泡沫之上反射著耀眼的光澤。水一股股地湧出，那麼的神奇，這一切似乎都被施了魔法。夏日裡的景色還是值得一瞧的，那草柔嫩、鮮亮，藤本植物與樹葉糾纏在一起，猶如一幅美麗的織錦包裹在灌木叢周圍，而那大樹則是枝繁葉茂。不過到了冬季則是另外一番蕭索的景象：一切的色彩都因冬天的來臨而消退，草場變得枯黃，山坡在寒風中瑟瑟發抖，橙木的樹幹黝

黑僵直地挺立著，光禿禿的樹枝纏繞在一起，綠葉早已不知去向。水自水塘中湧出後形成的一層薄薄的水氣籠罩著這一切。

　　我不否認我是按照自己的感受來看待它的。在這樣一個冬日裡，烏雲密布，樹木猶如在狂風中的波濤一樣發出嗚嗚的低吼，我就在這到處都是鏽紅色的水塘邊做了一個認真而悲傷的決定。正如這橙色的泉水在注入幹流時改變了水流的顏色一樣，這周遭的鏽紅色也曾渲染了我的生活。這個認真的決定總是讓我想起這個地方。我曾一次又一次地在腦海中勾勒出那草地的樣子，用心去感受那泉水的湧動和水塘周遭的朦朧！儘管我做的決定是如此的嚴肅而認真，但它並沒有使我感到任何的不快；恰恰相反，它似乎帶著某種藥的苦澀，又似乎具有某種療效，帶給我一股堅定的信念，驅使我不斷前進。

第二章　荒廢的聖所

　　今天，我漫無目的地來到一處偏遠、陌生的地方，這裡很少有人來。我遇到的兩件事竟莫名其妙地感動了我。我離開公路走向左側的山谷，去找尋小村莊；然後又從崎嶇的田間小路走入田地，去看不遠處的一處古老的農莊。我繞過幾間村舍，轉了個彎，看到一座規模不大的老教堂。教堂的石頭牆已經風化，上面長滿了橙色的苔蘚，教堂的屋頂上覆蓋著石瓦片。教堂周圍有一小片墓地長滿了茂密的荒草，荊棘擋住了入口。小教堂的窗子早已千瘡百孔。我還從未在英格蘭見過荒廢的教堂，於是我翻過牆頭想要看個仔細。小教堂以優美的身姿挺立在那裡，墓地的另一端有一處矮牆。從牆頭望過去能看到一片水草豐美的草地，草地上溪流縱橫，水邊開滿了金鳳花。幾頭牛悠閒地四處遊逛，四周一片安逸祥和的氛圍。穿過草地，越過一小片樹林有一處農莊，屋頂上樹立著高高的煙囪。教堂的門大敞著。我很少見到比這裡還要淒涼的景象。屋內的頂棚設計簡樸又不失美觀，黝黑的房梁上雕刻著圖案。教堂內安放著詹姆斯一世時期風格的橡木器具，擺了幾把椅子，一張書桌，還有一架小屏風。西邊有一個小走廊，旁邊安著欄杆。整個場景看起來是如此破敗不

堪。木器早已開始腐爛，講壇上的紅布破破爛爛地垂掛在那裡，祈禱書散落在地面上，風從門口吹進來，書頁被吹得到處都是。整個地方老鼠為患，到處都是鳥屎，聖壇上方竟然還有一處殘破的鳥巢，景象怵目驚心。在牆內還能看到幾個古老的紀念牌子，教堂正廳的通路下面是一個又一個的墓穴，地面上則刻著死者的簡介。這個場景不禁使我想起一首詩：

看那祭壇上，一副破敗的景象，
女神克律塞伊斯的名字逐漸被淡忘，
最終長埋地下。

屋外陽光輕柔地灑在牆上，幾隻八哥落在屋簷上嘰嘰喳喳地鳴叫著。屋內荒涼一片，給人一種信仰遭破壞、記憶被遺棄、聖壇蒙羞的感覺。為這個幾乎與世隔絕的小村莊修建這樣一所小教堂的人，其內心充滿了虔誠。正是修建者的仁愛之情與良苦用心使得這所教堂看起來是那麼得體而端莊。砌牆用的石塊、屋頂的房梁無一不是用心之作，使得這處聖地看起來如此高貴。就是在這裡，嬰兒接受洗禮，新人許下誓言，死者得到安息。看完這一切，我帶著深深的感傷轉身離開，陽光似乎也因淒涼與遺憾而變得不再明媚。

我沿著石子路走向農莊，很快便看到一處山牆顯露在植滿歐椴樹的林蔭路那端，不過沒有通路直達那裡。大門是電

動的，車道上雜草叢生。不久我就發現有一條小路從村子通向這裡。農莊的左側是一座又一座的穀倉和牲畜棚，裡面是一頭頭膘肥體壯的小豬和精神抖擻的家禽。牛群正穿過草地一路叮叮噹噹地往回走。離房子越近，我發現房子顯得越發漂亮。房子周圍修了一條溝渠，房子旁邊也有一座古老的教堂，而且被維護得很好。月桂從水邊一路蔓延過來長滿了房子的周圍。我走過一座小橋來到房子跟前，橋上的護欄早已破損嚴重。我很少見到有哪個建築的比例是如此的完美，色彩搭配是如此的精妙。房子正面的牆呈三個三角形，中間的牆上修著一個漂亮的凸窗，窗子下面是一扇漂亮的橡木門。整個房子由淺紅色的磚搭建而成，牆面覆蓋著灰色的地衣，幽幽地反著光。石木瓦的屋頂上高高地聳立著煙囪，煙囪的外角、護牆和豎框都是由漂亮的橘色石頭構成。右側是一個大花園，周邊修著圍牆，裡面鮮花怒放。越過農莊外的深溝就是寬廣的草地，再遠處就是連綿起伏的低山。

　　一大群溫順的小狗、西班牙獵犬和小獵狗跑出來，對我表示熱烈的歡迎。一隻體型巨大的看門犬抗議地大叫了一聲，也加入到了歡迎的隊伍中來。我坐了下來，被溫暖的陽光包圍著，細細品味、欣賞著眼前的美景。松雞在院外的深溝裡鳴叫著，狗群一溜煙地來到我的腳邊。這所老房子的設計者一定是空間感極好，懂得欣賞簡潔之美。這房子是如此

的高貴典雅，狹窄的窗子、高高的梁柱，這一切的美好都是經久不衰。儘管我對於這房子的名字和居住者一無所知，但是我卻被它深深吸引著。在這個寧靜的午後，在空中似乎能聽到故人在召喚我，故去的人正在屋內向我張望。我感覺到我與這老房子是如此心靈相通，覺得自己似乎曾在此居住，彷彿是剛從遠方的戰場回到了兒時的家園。這房子似乎正用哀傷、溫柔的眼神注視著我，它似乎能感受到我對它的愛並願意與我分享它的祕密。一棟建築竟能如此直白地表達出深深的眷戀之情，這是不是有點難以理解？至於它到底在講些什麼，我無從得知；但是我能感受到修建房子時的用心良苦，能夠感受到在飽經風吹日曬、風吹雨打之後獲得的那份尊嚴。它在講述著希望與光明，在講述著青春與快樂。它在告訴我一切的一切都已成為過去，即便這所老房子已歷經磨難，但仍難逃最終倒塌的命運。

我就像一隻信鴿，在某個能遮風避雨的花園裡待上一小會兒，然後就必須繼續向目的地前進。但是與老房子的心靈交流在我的內心深處留下了深刻的印象。我知道從今往後我會永遠記得那所老房子，記得它的樣子，記得它是如何越過枝條纏繞的樹叢向外凝視，看那日出日落，記得它是如何等待著新的一天的來臨，同時又在回味著過去的種種。

第三章　擺脫消沉

　　我也不知道為什麼，最近我總是被一種情緒所困擾，格雷叫它消沉。它不是憂鬱，不過與憂鬱類似。它就像一隻黑色的大怪物，潛伏在我的周圍，只能看到它的頭部在我的小花園裡投下的一個怪異影子。

　　我不想終日沉浸在這種情緒當中，我想擺脫它。我更願意過著快樂而自由的生活。但是格雷說這種狀態很好、很放鬆，它有它的好處。它不像憂鬱那樣能毀掉責任心和快樂。即使有它存在，我也仍然能正常地工作、讀書、講話和大笑。但是它會為心理帶來一絲輕微的憂傷和疲倦的感覺，但又不會讓人覺得可惡。它為生活塗上一層素淨的灰色，雖然剝奪了盡情愉悅的快感但卻提高了感知能力。在這種情緒中，人可以長時間靜坐不語，把目光投注在草地上，注視著那從黑土地中鑽出來的嫩草，傾聽著鳥兒在那邊婉轉低鳴，一絲春天的倦怠流過心田。與此同時，一種衝破束縛獲得自由的輕鬆、因對某事的嚮往而產生的莫名激動、對某事寄予的些許希望以及勇往直前的信念亦混雜在一起湧上心頭。心靈不禁為這難得的平和而發出一聲輕嘆。

　　今天，我在小樹林和草地旁漫步、沉思，在這靜謐的環

境中怡然自得。灌木叢的頂端已經透出綠色，樹枝上的蓓蕾顏色漸紅，小溪在草地上緩緩流淌，這一切的色彩是那麼的輕，那麼的柔，那麼的淡，彷彿整個世界都在此刻駐足，為稍後的前進養精蓄銳。我在小村莊裡站立了少許，注視著老房子的山牆和農莊廢墟的側面，仔細地凝視著果園周圍的磚牆。再往後看，老教堂的塔尖早已不再那麼尖銳，高高地聳立在那裡，凌駕於榆樹枝椏之上，粉刷上去的藍色也在慢慢褪色。再遠處則是線條單一、連綿起伏的荒原。夕陽西下，一縷殘陽穿過漂浮的雲彩照在西向的山牆上，為它鍍上一層金色，這一切都顯得如此地沉靜。此時，只有我的心是焦躁不安、無法平靜的。一位老人在一個小花園裡蹣跚而行，像雷歐提斯那樣摸索著園中的花花草草。飽經風霜的臉龐、參差不齊的鬍鬚和打著補丁皺巴巴的衣服讓老人顯得那麼的頹廢。或許他的思想狀態和我一樣鬱鬱寡歡，但我覺得也不盡然，因為我覺得很多鄉下人，還有好多老年人都不再那麼緊張兮兮的，也就是說不再瞻前顧後，只不過程度有所不同而已。生活簡單的人及上了年紀的人都不在乎這些，只是心情平靜地生活在當下。我覺得這正是我們大家都應該達到的境界。如果一個人不再承受未來之重，也不再慨嘆過往，那麼他的生活就會變得輕鬆許多。抓住當下，珍惜每一刻，學會苦中作樂，這才是最大的勝利。但可悲的是現實生活中儘管

第三章　擺脫消沉

我們清楚地知道什麼是明智的選擇，什麼是幸福，什麼才是我們想要的，我們卻不能總是按心意去追尋這一切。我記得有一個關於一位公眾人物的故事：他肩負重任，並終日為其所累。有一次他問正處在風口浪尖的格萊斯頓（William Ewart Gladstone, 1809 － 1898）：「難道你從未在夜晚輾轉反側、思前想後嗎？」格萊斯頓把炯炯有神的目光投向他，有些不解地回答說：「當然不會，那麼做又有什麼用呢？」我記得足有 104 歲高齡的卡農・比登先生曾對友人談起自己的長壽祕訣，他說他從不在晚上十點後去想那些令人不快的事情。當然如果你的大腦裡面有若干個小房間，而充滿骷髏和夢魘的房間是其中之一，且即便你晚上十點以後走進去也不會造成太大的影響，那麼只能說你很幸運。

不過我們可以做些事情來改善這一狀態。當一個人處於憂愁當中，他若能有勇氣和善意去做點實事，獨自面對摧殘精神的猛獸，能夠擾亂猛獸的注意力，那該是多好的一件事啊！就我個人而言，我每天都要做一大堆事情，毫無樂趣可言，唯一的樂趣就是在完成一項工作時能長長舒一口氣。明智的做法就是利用鬱鬱不樂的那天去做這類事情。做事的過程本身可以疏散煩悶，等事情完成後既戰勝了煩悶又使自己的頭腦清靜下來，恢復到正常狀態，然後心態平和地繼續處理自己更有興趣的工作。

如今，愁雲逐漸散去，我重展笑顏。大地的寧靜與包容撫慰了我。這一望無際、寬廣的土地讓我感到如此的純淨與自由！這二月的色彩、這枯黃的草地、這尚未長出新葉的大樹……這一切是多麼地清澈、雅致！多麼難得的一份清靜！我在一座圓木橋上駐足了好久，注視著路基下的一條小溪，看它從長滿荊棘的草地上蜿蜒遠去。它帶著冬日溪水特有的寶石般迷人的特質，從凋零的菖蒲中緩緩流過。夏日裡溪水會因為水中長滿了水藻而顯得暗淡、渾濁，但是現在它就像一顆純淨的寶石。想著那被叫作水的東西在地表的裂縫中緩緩而流是多麼奇妙的一件事！水中的魚兒認為水就是整個世界，對於外界，除了偶爾感覺到水拍打著岸邊外，對其它暴露在空氣中的不穩定因素一無所知。而我們人類與魚兒是如此的相似。我們的身外是一個神祕莫測的世界，我們只是偶爾能看到某些事的陰暗面，而對於整個外界環境我們知之甚少。

　　眼看天色已晚，地平線開始變紅，似乎要燃燒起來。遠處的溪流像一根蒼白的細線，微弱地發著光。是該回家的時候了，我又要投身到忙碌的紅塵中去了。我的憂傷跑到哪裡去了？似乎有一縷清新的風吹過我的心田，樹葉盡脫的樹林在向我揮手告別，田地和溪水似乎用輕柔的聲音在向我傾訴：「我們會盡最大可能幫助你。」我側耳傾聽著，與此同時也早已學會了耐心和等待。

第四章　美麗的花朵

　　我交了一位新朋友 —— 一種才剛認識的花朵。假如有一個簡單且琅琅上口的英文名字，我會很樂意記住它的，才不會管它又蠢又笨的學名是什麼。但是這朵花如此的靚麗，像我的一個朋友似的停駐在我心底，留下美好而完整的回憶。

　　我是在一處周圍峭壁林立的海灣看到它的。在一個小小的海灣處，石灰岩的懸崖矗立著。劇烈的地殼運動使地層發生嚴重的變形，那一處處險峻的石壁就那樣斜斜地矗立在那裡，沒人知道地殼運動的具體時間，恐怕只有萬能的上帝才知道答案。海浪拍打在沙灘上，打在我們的腳上，變成細小的浪花，隨即化成泡沫。空氣中充溢著鹹鹹的海的味道，不禁讓人心曠神怡。幾隻小船被拖上岸晾在沙灘上，蝦簍、漁網、拴著軟木魚漂的繩子、桅杆還有船槳隨意散放在通往小漁村的砂土路路邊。那天我們走了好遠的路，儘管疲憊不堪卻依然心情愉悅。我們選了一處坡地坐了下來，發現在我們與懸崖之間的這一小方土地上以前曾有過一處帶花園的農舍。我們的身後是一處斷牆，不大的地基上除了四處蔓生的花朵還有零星幾叢果樹以及一棵長滿節瘤的蘋果樹。

　　我曾一度以為我所鍾愛的金色桂竹香只長在農舍的附

近，但實際上它有著更廣闊的生長空間，到處都能看到它的身影。它從花園一路攀沿到懸崖上，在懸崖上迎風而立；它紮根在沙土中為一塊塊的沙地鑲上一圈花邊。花枝是淡褐色的，略顯粗糙，上面布滿了嫩綠的芽。花兒還沒有完全綻放，一朵朵淡紫色的花含苞待放。但在我的身下有一小叢花因無法抵抗陽光和空氣的召喚已然迎著太陽盛開，花朵分五瓣，帶著紫色的細紋，中間是金色的花蕊。它們知道我不會傷害它們，就那樣靜靜地凝望著我。

下面的海灣裡，兩個漁民搖著船槳駛向大海，船槳發出的吱吱嘎嘎的響聲在海風中時斷時續地飄進我們的耳朵裡。細碎的海浪拍打過來，發出清脆的擊打聲，輕柔地撫摸著這布滿石子的小峽谷。在這明媚的春日裡，整個地方都使人感到一種無法言喻的平和與滿足感。

我一時把排得滿滿的行程拋在腦後，忘記了自己的理想與抱負，也暫時忘記了力量微弱卻又滿懷責任感的渺小的自我。我所鍾愛的紫色小花默許了我的想法，對我展開信任的笑顏。它似乎在對我說：「我在這裡年復一年地開花、怒放，從未有人多看我一眼，也從未有人留意過我。沒有人讚嘆過我的美麗，更沒有人在我凋零枯萎後為我感到惋惜，只有我那乾枯的花莖在寒風中瑟瑟發抖。但是我卻對你傾訴我的祕密，只因為你留意到我並且喜愛我。」隨後，它對我講訴了

第四章　美麗的花朵

一件無法用言語來形容的事情，正如聖保羅所描述的那樣，這種事情只可意會不能言傳。

我想如果我能只記得那花兒對我說的話語，那麼我就不必再感到傷心、也不必再做無謂的掙扎或感到痛苦，我只要愜意地活著就好。然而，就算我知道自己心裡有話要說，那話語也會像優美的樂章一樣瞬間畫上休止符，這讓我無法再想。

那天，我還看到很多其他事物，毫無疑問，它們都是那麼的美好而神奇。可是它們誰都沒有像之前那朵小花一樣對我說過話；就算是真的說過，也被海風淹沒了。海風的聲音是人能用耳朵聽到的，而花兒的聲音是來自天際，來自靈魂深處的。

我將繼續我的探索之旅。我的滿身疲憊，外面的天公不作美，以及在旅館休息室裡嘰嘰喳喳閒聊的男男女女，這些都不影響我的心情。我小心翼翼地把我看到的老房子、春天的樹林及與世隔絕的山谷通通收藏在我的心裡，把在那裡的所見所聞珍藏在我的記憶深處。但是我所珍視的花兒是與眾不同的：我每逢聽到有人唸起那個地方的名字或是看到那處海灘的地圖，我的心就會不由自主地因喜悅而悸動，就會不覺地想起我那可愛的小花就是在那裡盛開凋謝，憶起它曾向我吐露祕密，而我亦讀懂了它的想法。它會一直在那兒等著

我再次到來。確切地說，無論我是否還會去那兒已不重要，
它會永遠是我最忠實的朋友。

第五章　沼澤地上漫步

　　近日我越來越覺得英格蘭最美的地方是這片平坦的沼澤地。我這麼說絕不是老於世故地阿諛奉承，也不是非得勉強找出什麼亮點，絕對是由衷地這麼認為。我所指的沼澤地並非是那種普通的向四周延展開來起伏很大的平地。它的美麗並非奪人眼目，而是細緻入微，獨具韻味。我所稱讚的地方位於英格蘭東部，是一處相對平坦的低地，僅比海平面高出幾英尺而已，那裡在古代曾是一片一望無際的沼澤地。

　　首先，這個地區視野開闊，從一處幾英尺高的地方就能看到很遠的地方，而若是在英格蘭的其他地方，想要看到這麼遠必須得爬上一座相當高的山。我喜歡眺望那寬廣的平原，看著那黑色的沃土向遠處無限延伸開去；堤壩和水道則線條單一，綿延不絕。偌大的風景在人的視野中成了一道僅有幾英寸寬的風景線，然而這道風景線卻有著無與倫比的豐富色彩。遠處一座孤零零的農場被幾棵大樹環繞著，在四周一片濃綠的映襯下顯得格外搶眼。而偏遠的原野綿延至數英里以外，顯現出一種獨有的細膩與溫柔。視線所及的範圍內所能看到的景物是那麼的簡單而淳樸：一處蘆葦叢生的池塘，四周柳樹環繞；農莊裡小房子一處緊挨著一處；灰色的教堂

屋頂高高地聳立著，彷彿是在凝視庭院中的榆樹。我的視線不再僅僅停留在近處的景物上，而是恣意在平原上掃視、瀏覽，心中感覺到一種難得的自由與寧靜。抬頭仰望晴空，也只有在這個地方才能以如此視野欣賞天上的浮雲。這一切的一切都顯得那麼的寬廣與寧靜，就好比你漂浮在海面上，卻沒有絲毫的漂泊之感，彷彿身下是肥沃的綠野，感覺是如此的踏實。

幾天前，我信步來到康河下游，那裡地勢平坦，生長多年的荊棘樹含苞待放。我沿著繹道來到沼澤地的中心地帶。河水猶如一條藍色的紐帶時快時慢地流淌著，兩邊的河岸上鬱鬱蔥蔥。在小路和河水之間的地帶長滿了多汁的葉草及大片大片的白色歐芹，間或散布著蘆葦床。我在那兒站了好久，傾聽著葦鶯響亮的歌喉，看牠在那一小片柳樹林中穿梭。目光向北，可以看到遠處青灰色的伊利塔，它高大的身影掩映在樹林之後；褐色的維肯湖的莎草床在草地中部綿延起伏 —— 那裡可能是這個地帶唯一一處保持原狀尚未開發的地區；成群的牛羊在沒有圍欄的草地上悠閒地吃著草，身影越去越遠；一名勞作者歸家的身影顯現在綠堤上，似乎整個下午都沒什麼變化。水道中修了許多閘門，清澈的河水從中湧出來慢慢溢過閘門，上面漂浮著草屑。在這片廣闊的天地裡一切都是那麼地恬適，毫無擁擠之感。人們不再忙碌而

疲於奔命，人與人之間不再有爭吵與衝突，也不再有任何的
埋怨與不滿。在這裡你不會有任何的荒涼之感，有的只是那
花草的單純與愉悅以及鳥兒恣意飛翔的快感。這裡的蠻荒早
已被人類的氣息所感染，只剩下一份恬靜與自然。我恍若是
從忙碌的現代穿越回悠閒的古代，那時的人們還沒有湧入城
市，依然住在鄉村，享受著那份難得的寧靜。我的內心漸漸
沉靜下來，感受到那種我夢寐以求的平靜 —— 像溪水的潺
潺，如羊群的悠閒，又好似青草般恬然。所有這一切的美好
融會於一處，不緊也不慢，在一片祥和中延伸向遠方。世間
萬物彷彿都在靜候、沉思，擺脫了生活的困擾，不在乎生
死，不再糾結，無憂無慮。我跨過一條小河，河水無聲無
息，快速地流向遠方。水中開滿漂亮的水堇花，一眼望不到
邊。淡紫色的花瓣，散發著陣陣幽香，盛開在枝頭，茂密的
綠葉猶如美女的秀髮四散開來。如此美麗的花朵似有默契般
如期盛開，亭亭玉立於水中，帶給我渴盼已久的整齊、和諧
之感。我的內心升起一股莫名的欲望，想讓它為我所獨有，
渴望獨享這份生命的華貴，獨賞這份細緻入微的美。

　　在那個靜謐、明媚的午後，我任憑時光一點點溜走，在
沼澤地上信步遊蕩，在不知不覺中將一座座村莊落在身後，
但看似近在咫尺的群山依然那麼遙不可及。一路走來，我時
不時會經過一座孤零零的農場，偶爾會路過一座高大的灰磚

砌成的機房，房子裝著百葉窗，房內是運轉著的水泵。那水泵像心臟一樣緩慢而有力地跳動著，將沼澤地上的千百條小河的水抽進來，再把水泵出去，讓它流向大海。我走過一片片田地，有的地裡長滿耀眼的金鳳花，一眼望不到邊，有的地裡種著麥苗，在風中搖曳。我走著走著，最終來到一座小旅館，它孤零零地坐落在那裡，旁邊是一艘渡船。旅館的名字起得很有特色，叫「不用著急，從這裡通往任何地方都只有五英里」。在這裡我受到了周到而盛情的款待，一顆漂泊的心感受到了溫暖。彷彿我就是他們期盼已久的客人，他們是奉命專程來招待我的一樣。倘若我事先被帶入房間，看到形形色色象徵著善與惡的裝飾，亦或是我事先已得到一幅畫卷和一個瓶子以及一張路線圖，我可能就不會這麼驚訝了。我從未得此厚禮，直到後來離開旅館，乘著老舊、發黑的木船渡過小河，我才幡然醒悟，意識到這份珍貴的禮物原來一直珍藏在我的心中。

那畫卷展示的就是我所目睹的一切，它描繪著人們的幸福與甜蜜；那個瓶子裝的蜜液就是我心中的那份寧靜；至於那份路線圖則是再清晰不過，讓我很容易就找到路徑。這座人間天堂宛如那掩映在萬綠叢中的青塔，近在眼前，清晰可見。

第六章　泉水與小教堂

　　很少有人能有幸在一天當中巧遇兩件精彩至極的事,而我恰恰有此幸在夏末之際得以見到九月的真容,領略那片刻的風采。這裡視野開闊,樹林早已染上了夏末的色彩,投下濃厚的陰影。牛群在田間遊蕩,人們正熱火朝天地忙著秋收,整個村莊都不見人影。至於我從何處來,要到何處去,這些都不重要,而唯一值得一提的地方就像具有某種特殊的力量吸引著我。人們若是沒有和我一樣內心平靜,我不建議他們也去我曾到過的那個地方。

　　其中一個地方是我們專程拜訪的,另外一個地方則是偶然經過的。我們隨身攜帶的地圖上顯示有一處清泉,它位於一個人跡罕至的樹林的一角,以一位聖人的名字命名。雖然我從未聽過這位聖人,但這並不等於說這位聖人在書中沒有記載。

　　我們來到距離清泉最近的地方,然後從田地間穿了過去。那真是一個迷人的地方。在古代它應該是一處沼澤地,現在還有許多溝壑縱橫,到處都是珍珠菜和水大黃。漫長的歲月中不計其數的水生植物堆積、沉澱,形成現在黑色的土地,踩上去既鬆又軟,舒服極了。

左側直接與一處白堊斷崖相連，上面荊棘叢生，四周圍繞著矮小的樹木，野雞在林木中穿梭。我們遇到一位行動慢吞吞的老人，他一臉和氣，把手邊的工作一扔，自願為我們帶路。多虧了他的幫忙我們才能順利到達目的地。我們來到一條小溪旁，看到那小溪上面架著一座厚木板橋，並安著欄杆。幾個孩子在欄杆上面設了夾子，又放了幾個堅果做誘餌，引松鼠上當。平時松鼠特別喜歡在欄杆間跳來跳去，玩耍嬉戲。之後我們走進一處小灌木林，那裡濃綠、陰涼而且靜謐，非常宜人，這就是我們要找的地方。在灌木林裡有六個陡坑，都由白堊構成，坑口約有幾碼寬。六個坑彼此相連，且每個坑都有一個水槽與溪水相通。清澈無比的水嘩啦啦地透過水槽流向小溪。這些陡坑能有幾英尺深，在每個坑底都有一個淺淺的水塘，塘中積滿落葉，構成一道獨特的風景。水不知從坑的什麼地方滲了出來，滲進水塘裡。我們望向第一個陡坑，坑裡本是寂靜無聲的，突然在水面出現一處漩渦，帶出些微漣漪，在葉子的縫隙中反射出波光。水面的變化是如此之快，好像是有個樹枝或是某個小蟲子突然從上面掉落進水裡。然後一會兒這裡動一下，一會兒那裡動一下，再然後又有五六個地方同時動起來，激起的波紋蕩漾不已，彼此交錯。我們一個一個看過去，所有的陡坑都出現了同樣的現象。我們俯下身嘗了一口，發現這水又冰又涼，純

淨至極。帶路的老人則在一旁喋喋不休地解釋著為什麼這麼好的水卻沒有被很好地利用，以及它對眼睛有怎樣的保健作用。他說道：「這水很涼吧？這水不涼嗎？天啊，不涼嗎？」他賭咒發誓地說：「這水對眼睛絕對大有益處！早上一起床就馬上來這兒，用水洗眼睛，眼睛馬上就會覺得舒服多了！」他翻來覆去唸叨個不停，像隻麻雀嘰嘰喳喳、喋喋不休。

　　我們付了點錢給他表示感謝，這使他萬分感激，他囑咐我們說：「先生們，如果您們還會到其他別的地方，直接為它取個名字吧。路上若是遇到其他人，就說『佩雷特說的』，肯定沒問題！順便說一下，我就是佩雷特。」雖然我沒有證據，但我敢肯定，這句話的妙處就在於它是排除萬難的制勝法寶。

　　我們一路不語，穿過田地往回走，心中仍然回味著剛才的景象。想想看，在炎熱的夏日，一股清泉不斷地噴湧而出，在陽光下反射出晶亮的光芒，四周飄蕩著樹木的清香；在月朗星稀的冬夜，一條小溪蜿蜒流向大海，掬起一捧溪水，它在手中宛如一顆靈動的寶石閃閃發光，掬水入口，沁人心脾。我對那位被借了名字來命名溪水的聖女心中充滿了感激，我敢肯定沒有誰會比我對她更加虔誠。

　　我們一路在靜默中前行，我在腦中回想著那聖潔的泉水是如何地湧動、反射出粼粼的波光，驚嘆於泉水是那麼地清澈，透過泉水可以直接看到泉的四壁及底部的樹葉。最終我

們邊走邊想來到了另一個目的地。同伴提醒我說：「這就是入口了。」

　　路的一邊是一座規模龐大的農場，路的另一邊是一間小小的門房，緊挨著大門。一位熱心的老人把一把鑰匙交給我們，並簡單地交代著若干注意事項。我恍然覺得自己彷彿置身於《天路歷程》之中，解說人保持著禮貌的微笑讓我進到一間密室裡去看他準備的稀奇古怪的玩意兒。但是當看到嚮導用手指向一片開闊的土地，告訴我們穿過那片地就能找到進出的便門時，忽然又覺得這更像是傳道士的作法。

　　這是一片開闊平坦的牧場，水草豐美。我們走過牧場，來到便門後不禁覺得自己彷彿是身處荒島，遠離人煙。幾頭牛靜靜地吃著草，偶爾飄來幾聲青草被咬斷的聲音。門裡孤零零地矗立著一座老宅，裡面空無一人；牆上爬滿常春藤，這讓它看起來與其說是房子不如說更像長滿常春藤的花架。從茂密的綠葉中露出一小扇都鐸式的窗子，像隻野獸的眼在偷偷窺視著外面的世界。

　　離這兒一箭之遙是一條護城河，河水水位很高，兩岸古樹盤根錯節。護城河的中心地帶生長著茂密的黃楊樹和參天的月桂樹。我們沿著它漫步，來到目的地 —— 一座白色的石砌小教堂。教堂四周種著美國梧桐，那梧桐樹已有些年歲，但仍然枝繁葉茂。

教堂孤立於世，靜默聖潔，古色古香，使我聯想到了《亞瑟王之死》中的老教堂。它的周身都充滿浪漫的神祕色彩，讓人捉摸不透。它靜坐在那裡，似乎正思考著古往今來的林林總總；它面帶笑容，為心地善良的人們悉心守護著小祕密；它擁有著一份世間難求的平和。

教堂內昏暗、涼爽，空氣中瀰漫著古老、聖潔的味道。座椅零星擺放在那兒，上方懸掛著幾幅布幕。古代騎士和夫人安眠於此，他們的雕塑一個挨著一個，安靜地躺在那兒，頭枕在手上，沉靜的雙眼望向遠方，不急不躁。

據說護城河的中心島上有過一座莊園，也曾輝煌一時。但隨著歲月的變遷，歷經滄桑之後的莊園漸漸荒廢、倒塌，最終化為塵土，蹤跡全無。人們也曾在那裡安居樂業、娶妻生子；孩童們也曾在護城河邊玩耍、嬉戲；長大後他們又擁有了自己的孩子，帶著深深的眷戀又重回故里；嬰兒降生後被抱到教堂受洗；新人在教堂裡接受溫馨的祝福；隆重的葬禮也在教堂舉行，隨著鐘聲響起人的一生落下帷幕，從此安息在那裡。

此時此刻，我的腦海中閃過這裡曾經有過的歡樂與哀愁，不禁追憶起那些素未謀面的人們，他們享受過生活在這裡的甜蜜，也見證了幸福時光的終結；他們了解關於這裡的所有故事的始末。

當我們戀戀不捨地動身離開的時候，已經是夕陽西下了。殘陽如血，灑在樹幹上，為整個樹林的葉子鍍上了一層紅色。牧場上方籠罩著一層薄霧，夜幕慢慢降臨，依稀可辨遠處的農場燈火閃爍。

　　我找到了我要找尋的寶藏！在這兩處地方我所感受到的愉悅早已深深印刻在我的心底。每當我苦惱、疲憊、輾轉反側的時候，就想一想在黑暗的樹林裡那清澈的泉水微微泛著波光的景象；甚至在腦中回想一下護城河及小教堂的模樣，思考一下它們所代表的意義，體會一下初見時心頭湧動的喜愛之情。這些地方的美是那麼地飄渺卻又那麼地精緻。我想知道，在這短暫而又艱苦的旅行中經常縈繞於心頭的對平和與永恆的渴望能否在這片偏遠的土地上找到歸宿。

第七章 布穀鳥的歌聲

最近，我總被布穀鳥所困擾，甚至可以說被布穀鳥所騷擾。小時候我非常善於觀察鳥兒啊、動物啊等自然事物，但從不記得曾見過從籬笆牆上掉下來的布穀鳥繼續歌唱的。平常偷聽布穀鳥唱歌到是有的，記得我曾聽過一對布穀鳥對鳴，他們邊鳴叫邊靠近彼此。

後來，我對布穀鳥逐漸熟悉。今年甚至被牠們弄得困惑不已。一天當我騎車的時候，一隻布穀鳥在我身旁跟著我沿著矮樹籬飛了大約 400 公尺遠，然後停下來，等著我。我看到了牠那光亮的雙翼還有那長長的尾巴。最後我下車，牠讓我仔仔細細看個夠，看牠那靈活地轉動的小腦袋還有那身漂亮而素淨的羽衣。等牠覺得我已看清楚了，便使出全身的力氣發出一聲響亮的鳴叫，然後拍拍翅膀飛走了。

牠好像並不想離開我，但是這隻美麗的鳥兒讓我困惑，牠到底想告訴我什麼呢？我也像牠那樣希望經由他手幫自己孵蛋，僅僅滿足於快樂地歌唱嗎？

布穀鳥的這種習性真是令人匪夷所思：牠竟情願主動放棄這珍貴的築巢、餵哺的機會，轉而假借他人之手！這絕對不可能是經過精心籌劃的，至少我們人類認為這是不可能

的。不過達爾文也好，還是其他信奉達爾文理論的研究者也好，他們都無法弄明白這到底是怎麼一回事。總之，這成了一條永不更改的規則，無論是對於把自己的蛋丟進別的鳥巢的布穀鳥，還是對於欣然接受別的鳥蛋並悉心哺育的鳥兒來說，這一切都進行得那麼自然，那麼順理成章。這種手段是如此之高，上帝的突發奇想是如此令人咋舌。自然界中這種不按照常理出牌的現象是最使我感到困惑的，因為這就像孩子的異想天開一樣令人難以捉摸，卻又是在上帝庇護下進行的。繁殖、築巢以及哺育幼鳥這一系列的過程看起來似乎有些怪異，尤其在此過程中還可能會有突發因素導致前功盡棄，比如鳥蛋被別的鳥偷走，或者被牠們的天敵吃掉。有的人可能希望有那麼一個規律可以永不改變，一直受到上帝的庇護，即使受到阻礙，也能被上帝解決。在鳥的世界裡，這一規律發生了更加奇特的變動，變得更加迷霧重重。最為奇妙的就是人類對此現象的質疑和好奇。他們先進行觀察，然後分類研究，卻永遠解釋不清，無法進一步了解。上帝先制定一條規則，再弄出更多的規則來證明之前的第一條規則是靠不住的。這一做法沿用了千百年，讓我們這群好奇寶寶一探究竟，卻總是不得其法。這真是令人眼花撩亂，層層疊疊，如同連環套。

　　這個漆黑一片、令人手足無措的地帶突然變得豁然開

朗，提醒人們注意不要把什麼都當做理所當然，思考問題要廣開思路，不必為自己在人生盛會中所扮演的小角色過度焦慮，只要一步一個腳印、毫不遲疑地前行就好。

也許這就是你 —— 這隻高貴而動聽的鳥兒 —— 想要告訴我的話。是你讓我重新憶起那塵封已久的春天的明媚，再次體驗在聽到悅耳鳴叫時那孩童般的狂喜。而過去的歲月只是在預示著夏日的到來，那夏日是如此的熱情洋溢，它只屬於嬉戲、鮮花還有馨香。如今，布穀鳥婉轉的歌聲似乎為受困的我開啟了一道自由之門。我一直以來困惑於苦思冥想和無解的難題中無法自拔，也曾做過徒勞的掙扎，是牠的歌聲讓我明瞭事理、不再猜忌。哦，無憂無慮的鳥兒，你能否告訴我為何我是如此地渴望要一探究竟？為何渴望要變得強大？

我又不禁想到，世上好多思想傳統的人都希望人們透過由人類書寫的經書去理解上帝的意旨，卻忽視了人類是多麼的弱小；他們迫切希望人們接受他們對某些異常現象的解釋，承認這是上帝給予的啟示，卻沒想過他們的這些解釋是多麼的無力。我們從來就沒有真正留意過上帝的諄諄教誨。不可思議的奇蹟每天時時刻刻都在發生，但是我們卻自動把它們排除在外，只因為我們認為這一切都是再正常不過的事。請上帝寬恕我的說法吧。大量的古物讓我們彷彿置身於人類尚

未開化的時代，那時我們的祖先還不懂得堆土造房，仍然過著茹毛飲血的穴居生活。那個時候的布穀鳥已然具有巢寄生的習性，每逢產卵時節就在林中空地四周飛翔，一路歌唱著找尋合適的鳥巢，然後把自己的帶斑點的蛋產在裡面。天地明鑑，如果我們能夠解釋清楚牠的這種神祕的習性，那麼牠的行為就是和聖奧古斯丁的救贖行為沒什麼區別了，都是一種奇蹟。

　　布穀鳥執著於每年把自己的蛋產在別的鳥巢裡，從不顧忌人類的猜測，也不在乎人類的眼光。而我們人類是否從未試圖接受那些人類衝動、幼稚的想法，認為什麼都是理所應當的呢？是否也認為人類的做法比布穀鳥更符合上帝的意旨呢？有時我會覺得也許基督對自然界的看法並沒有被全部記錄下來；他的語錄的收錄者只是基於世俗的眼光，一切為了人類的實用性考慮的，他們可能沒時間也沒能力把整件事清楚地記錄下來，而留存下來的隻言片語的大意就是告誡人們要心存仁愛之心，聽起來似乎是已洞悉世間萬物的實質。他們只記得基督曾因無花果樹沒有完成上帝的囑託而責難過它，卻忘了基督也曾悉心照料過綠草、百合以及麻雀和綿羊。無花果樹的凋零隱含著一條寓意，即思維簡單的人們也許無法理解對鮮花和溪水的熱愛之情。如果在陰冷的北方基督都能讓人類活下來，那麼他就也能認真、輕柔地像當初對

第七章　布穀鳥的歌聲

巴勒斯坦山谷中的鳥兒和鮮花那樣，讓質樸的布穀鳥唱出發自靈魂的歌，因為牠是那麼恭順，那麼全心全意地信仰上帝，當然這也需要人們願意花時間用心去聆聽。我敢肯定祂會喜愛布穀鳥的，並且會原諒牠借巢生蛋的無心之過。那些有著動聽歌喉的鳥兒們如果沒有頑強的決心去面對世間苦痛，那麼牠們就不會有閒情逸致亦不會有勇氣去美化自己的歌喉，讓歌聲變得更加輕柔、甜美。

　　然而我仍然無法參透真相。在上帝的指引下，我攀登過冰峰，也暢游過大海；見過凶猛的老虎也看過可愛的布穀鳥；遇到過維吉爾般的惡魔，也接觸過耶利米那樣的聖人；見識過阿西西的聖法蘭西斯的無私奉獻，也領略過拿破崙的鐵血戰爭。祂洞悉萬物，哪怕是一聲低語、一個微笑甚至是隨意一瞥都不能逃過祂的眼睛。祂讓我們經歷種種，卻一直默不作聲，從未明示過我們，我們的猜測正確與否。

第八章　春的世界

　　昨天一天天氣乾冷。天空中烏雲密布，那大團大團的烏雲彷彿是將要西行的帆船，滿載貨物慢慢駛來。一陣風吹過，吹散了雲團。天空中時而雨雲密布，時而陽光乍現。

　　可是在深夜，一股帶著暖意和芳香的神祕力量悄然潛入，有什麼東西似乎開始改變了。今天當我與多年的密友走出小鎮，忽然發現春天降臨了。花苞與嫩芽已然出現在楓樹枝頭；栗樹也開始抽枝發芽；農舍的花園裡長滿了紅海蔥和雪割草；丁香花也吐出了淡紅色的新芽；綠色的林間草叢裡盛開著水仙花；籬笆上亦冒出青色；路邊的溝渠裡一幅精美的綠毯已經悄然鋪開。

　　這一切都讓人感到那麼地愜意。鳥兒在輕柔地鳴唱，高大的榆樹長滿了紅色的嫩芽，在和風中搖曳。這滿眼的美景令我們目不暇給、忘了言語，亦令我們心中生出一絲倦怠之意，沉醉在這片靜謐之中。

　　我們路過一座村莊，村裡一位音樂愛好者為他的左鄰右舍辦了一場小型音樂會，當然我們這些過路者也有幸聆聽。我們這些不請自來的路人就站在那裡，傾聽著那優美的小提琴曲帶著些許大提琴的悠揚從一間教室裡飄了出來。

第八章　春的世界

　　在一個人精力旺盛、體力充沛的時候，往往會忽視這些外在因素的影響。他的注意力全部都集中在美好的憧憬上，就好比鳥兒在鳥籠裡專注於拍打金色的翅膀高聲鳴叫一般。不過在這倦慵的早春時節，人的身心都鬆懈下來，想往快樂的靈魂會透過外界的感官捕捉到一閃即逝的美麗，正如在某個烈日炎炎的一天，一個口渴難耐的孩子痛飲下一杯泉水後，心中會久久懷念著那瞬間的清涼。琴聲漸弱，我們站在外面，充滿同情地看著那些擠在房間裡的人正用老套的客氣話交談著。我們在外面站了片刻，向裡望去，透過一扇門我們能看見一座喬治亞風格的宅子的正面。它是一座暗色的磚房，風格冷硬，並用灰色石頭裝飾外角和牆面。厚重的白色窗框，窗內漆黑一片，圓頂的天窗，門前幾級臺階，四周的草坪修剪齊整，彷彿是給灰色的礫石路面鋪上了一層絨毯……這一切的一切構成了一幅美妙的畫卷。而道路兩旁種滿了暗色的紫杉，彷彿為這幅畫卷鑲上了一個畫框。這樣的場景讓人很難想像它就真實地存在於這個躁動不安的世界裡。它的存在讓人感到心靜，彷彿只應屬於過去的歲月。我們繼續漫步，從一座高大的白色木板搭建而成的磨坊旁邊經過。那磨坊的木板上積了一層厚厚的麵粉，齒輪吱吱嘎嘎地轉動著，水聲雷動。

　　我們走過一座小橋，沿著原野旁邊的小路繼續走。看這

乾燥的耕地和這廣袤的草場，它們的色彩是如此的淡雅清新！不一會兒我們就來到了一條綠色大路旁，這條古老的大路直接通向丘陵。在這樣慵懶的春日裡我們就像雪萊（Percy Bysshe Shelley, 1792-1822）描述的那樣信步漫遊。我們走進原野，踏上這條大路，一路上荊棘叢生。我們一路走去，慢慢地，在車轍之間白色的石灰石逐漸顯露出來，不久我們便到達了丘陵的頂端。在草場的中部，一座小小的圓頂墳墓出現在我們視野的左邊。這類墳墓在地勢較低的地方也能經常見到，只不過我從未走近仔細瞧過。這座修在丘陵上的墳墓看起來更新一些，也顯得更冷清一些。不過等我們走近了仔細一看才發現原來它根本不是什麼墳墓，而是一小塊露出地表的石灰岩。它的一側極為陡直，上面散布著一個個的小洞。站在青草茂密的山頂，遠處的原野和平原盡收眼底。

我們一路上談論了好多話題，不過當我們站在山頂的時候我們竟然不知不覺中討論起了友誼的話題，提到了兩個志同道合的朋友之間的友誼是多麼地深厚，多麼地令人身心愉快。這種友誼絕不會因為時間的推移或是少有聯絡而有所改變，是友誼當中的最高境界。擁有這樣友誼的人不會因為友誼受到某些因素的影響而牢騷滿腹，不會頭腦發熱地去刻意維持這份友誼，亦不會因來往減少而心生怨恨。也許某一天，因為環境的改變，兩個早已生疏的朋友又能重聚一起，

第八章　春的世界

關係又變得熱絡起來。我的同伴認為這種關係對他而言並不陌生，正如要解決如何確保每人的個體身分在現世與復活之間能夠保持不變的一致性的問題一樣，這在生活中比比皆是。他對我說：「假設兩個人在失去聯繫近二十年後又重逢，那麼我們所討論的這種友誼就會又恢復回來。可是一個人不可能一成不變，他的外貌會有所改變，處事態度也會有所改變。據心理學家說在這段時間裡人的軀體會發生翻天覆地的變化，但是他的情感、他心中所珍藏的這份友誼會依然存在，且不曾改變。如果人的思想會隨著生理的改變而發生改變，那麼這種友誼就不可能再持續下去了。當然了，拋開人的身體不管只研究人的思想認知也是不太可能的。唯一一個我們能夠洞察的事物就是我們自身的身分，也就是我們區別於他人的特質。我想知道即便某種情感能夠在軀體發生改變後依然存在，但當這副軀體不再存在了，那麼這種情感是不是也無法繼續存在了呢？」

「真的是這樣嗎？」我問道：「一縷陽光透過百葉窗的縫隙照射進來。我們仔細瞧，能看見光線經過的地方漂浮著數不清的塵埃顆粒；也正是因為光照射在這些塵埃上才使得我們能夠意識到光的存在。但是這些塵埃卻是一直在改變。儘管光一直在變，但是光線卻有一個明顯的個體身分。光線照亮了物體，自己一直保持著不變的特質。難道人的精神不能

跟光線是一樣的原理嗎？」

　　時光過得飛快，轉眼間夕陽西下，落日餘暉投下了斜斜的陰影，暗示著我們該下山了。我們慢慢走下小山，穿過草場，重新回到來時的路上，彼此道別。當兩個人的靈魂已彼此靠近，在保持自身身分的同時無限親密時，分手話別時已無需多語。在我返回住處的路上，曾一度在一座漂亮的庭院邊駐足。這座不起眼的庭院修在一處大房子旁邊，地處小鎮邊上。院內大樹參天，各色春花和植被遍及各處，享受著春日的暖意。在這陽光明媚的春日裡，遠處的碧空讓人心生寧靜。就在這裡我邂逅了另一位老友。他是一位早已退休了的作家，遠離俗世，避世於自己的天地裡。他雙目炯炯有神，總是躍躍欲試，身材高大，給人一種神祕莫測的感覺。他與俗世已沒有多少牽絆。我們聊了一會兒家常，偶然間提到了他的健康問題。他告訴我說幾天前他去看了醫生，被告知他的健康狀況有些令人擔憂。我試圖安慰他，卻被他拒絕了。儘管他盡量語氣輕鬆強顏歡笑，但是我還是能夠感受到籠罩在他心頭的陰影。

　　當我轉身要離開時，他突然抬了抬手，對我說：「聽，那鳥兒在唱歌！」我們不再出聲，聆聽躲在樹葉中的畫眉鳥那如笛聲般悅耳的鳴叫以及鴿子發出的輕柔的咕咕聲。他接著說道：「聽這美妙的聲音，牠們能帶給人一種難得的愉悅！」

他面帶苦澀地笑了笑，步伐輕快地離去，不一會兒，身影就消失在了樹林裡。這世間怎麼會有這麼多令人悲傷的事呢？眼看著我的朋友帶著孤寂與悲傷離去，我卻無能為力。而周遭這一切卻恰恰相反，充滿了滿足與甜蜜：鳥兒是如此的快樂並滿懷希望，而花花草草則為自己仍然生機盎然而感到竊喜。這一切到底有什麼用？如何才能看到希望的光芒？一直以來歷經阻礙，尋尋覓覓到底是為了什麼？

　　無論如何，今天對於我來說尤為難得，像是淘金般實為不易。在熱鬧的場面或是活躍的氛圍中很難體會到這種感受，而今天我卻神奇地體會到了。生與死、喜與悲，如此對照鮮明的兩種事物，早已被我掀開了神祕的面紗。我一直崇尚自然，既具有它的熱情與喜悅，也擁有它的活力與激情。與此同時，我也看到了隱藏的另一面，看到了面對神祕的死亡、被無形的哀傷所籠罩的孤獨的靈魂。對此，大自然的吶喊與躁動亦或是令人神往的遐想都顯得無濟於事。

　　轉念又一想，剛剛在山丘上的苦思冥想看起來是那麼迷人且神祕，可是對於被愁雲籠罩的靈魂又能有多大的幫助呢？

　　在我的眼中，在這個初春的首日，純潔美麗的花朵含苞待放，恣意於暖陽中；與此同時，苦痛哀傷之花也悄然綻放，或妖豔或慘澹。不過我一直堅信，只要一個人有決心、有耐

心去為之努力，早晚有一天，這些苦痛哀傷之花也能化作靈魂錦繡中的一筆。

第九章　野兔的悲慘遭遇

承受的極端恐懼與折磨是因被人忽視或是故意虐待所致，說牠死有餘辜也無法令人接受。參與捕捉和殺戮的人的行為令人唾棄。與此同時，因這個故事產生的憤怒與同情似乎顯得更有道理。這個野兔的故事告訴我們一個什麼道理呢？那就是：一定有某種神祕的力量使人們做出這種無端的殺戮，也使人們在面對某些事情感到無能為力時會感到悲憤，甚至於能夠阻擋人們去揭開它的神祕面紗。

當我寫下這段文字的時候，野兔那沾滿血汗的身體、那充滿對死亡的恐懼的雙眼以及那對充溢著嘈雜追捕聲的柔順的耳朵……都歷歷在目，使我重新陷入哀傷的情緒之中。這種感覺會讓人覺得越是近距離觀察這個充滿悲傷與無奈的世界，越是想急切地遠離它。

第十章　梁龍的故事

　　最近我讀了一篇關於在美洲發現的一種叫梁龍（Diplodocus）的動物化石的報導，不禁開始浮想聯翩。我不太清楚 Diplodocus 這個名字從何而來，大概就是指某種動物有「兩倍多」的意思。可能是兩倍多的事物，也可能是占據了兩倍多的空間；亦或是指牠多占了兩倍的東西或比別的動物多占了兩倍。無論如何，這應當是個比較貼切的描述。這種生物屬於爬行類，像個體型巨大的蟾蜍或是蜥蜴，大約生活在三百萬年前今天的加拿大地區。那時候要比現在炎熱得多，在一片可怕的冒著熱氣的沼澤地上生長著茂密的植物、高大的棕櫚樹以及有樹那麼高的蕨類植物。梁龍身長大約有 100 多英尺，外皮粗糙黝黑，行動遲緩。儘管梁龍體型龐大，但是它的腦容量只有鴿子蛋那麼大，所以梁龍不是很聰明。它的大嘴巴裡長滿了發育不完全的牙齒，卻不能被用來咀嚼食物，只能夠把柔嫩多汁的植物莖啃咬下來並把它作為賴以生存的食物吃掉。一隻梁龍每天大約能吃掉一個小型草堆那麼多的草。梁龍所生活的沼澤地毒氣繚繞，終年少見日光，暴雨肆虐。雨水滲入昏暗猙獰的森林裡，然後再在長期熱帶日照的作用下不斷發生變化，再從森林的空隙中蒸發出去。就

第十章　梁龍的故事

在這個炎熱昏暗的世界裡，梁龍慢吞吞地走著，邊走邊覓食。梁龍的壽命大約有一百年左右，它用它那不太聰明的小腦袋愛著自己的孩子，對牠們充滿了母性的關愛。梁龍的天敵不算多，不過經過長期的發展變遷，某種食肉類恐龍崛起並把梁龍作為容易捕食的對象。之前我提及的那隻梁龍可能是在飲水的過程中自然衰老死亡的。森林中一條大河緩緩流過，河兩岸蘆葦叢生，而那隻恐龍就站在由河水沖刷形成的一個小水塘邊飲水。牠死後龐大身軀迅速沒入水塘中。一想到牠的屍體是在這種情況下迅速腐爛就令人感到一陣陣反胃，不過這個腐爛過程應該很快，然後牠的遺骨就深埋在水塘之下了。

　　當時地殼運動極其頻繁，時而高山夷為平地，時而平地隆起高山。而那只梁龍所葬身的那片森林恰好下沉入海中，沒入幾里格深。在接下來的歲月裡，海泥不斷沉積，至少三英里深的海泥堆積在那片森林上面，從而保持住了森林的原貌，就連細小的枝葉都完好無損。誰也不會料到在若干個世紀之後，這隻梁龍會重見天日。一天地殼又發生了巨大的變遷——一條縱貫美洲板塊的山脊地帶上，有一小部分受火山運動的影響而發生隆起，從而埋葬著那隻梁龍的地方拱出海面，高出海平面約有一英里。梁龍頭部上方成了一處丘陵地帶，後來成了連綿的雪山。在接下來的日晒雨淋的作用下，

這裡成了白堊地帶。受河水改道的影響，這裡一再東移，最後變成了現在的模樣。這片曾被埋葬的熱帶森林終於重見天日，到處都是石化的樹幹及化石木。而那隻梁龍葬身的小水塘所處的位置成了所剩不多的幾處白堊地帶之一，隱藏在山丘的裂縫中。就是在這裡人們挖掘出了那隻梁龍的頸椎骨化石。這塊不為人知的化石激起了人們濃厚的興趣。在接下來的挖掘中，更多的骨骼化石呈現在人們面前，儘管有些部分已經不見蹤影，但是人們又挖掘出了另外三隻同類恐龍骨骼，終於拼成了一副完整的骨架。

這隻梁龍的故事改變了我們的想法。一直以來，我們已經理所當然地認為有文字記載的歷史才是世界上最為重要的一部分。但是現在，我們必須清醒地意識到人類記載下來的歷史僅僅是滄海一粟，還不足整個歷史的千分之一甚至是萬分之一。恐龍化石的出土到底向我們傳達了怎樣一個訊息？它的意義究竟何在？冥冥之中有股巨大的力量操縱著世間萬物的生死，但卻始終保持著神祕。那隻梁龍可能從來都沒有想過自己是怎麼來到這個世界上的。自從出生以來，每天牠要做的就是在炎熱昏暗的森林裡四處爬行，覓食、飲水、休息還有繁衍後代。在整個發展史中比較奇妙的事件就是一個新生物的崛起，那就是人類。人類儘管勢單力薄，但仍然能夠透過研究、思考和發展教育，把逝者生前的情況重構出

來。在我看來最為精彩之處就在於人類勇於追根溯源探尋世界的難解之謎。不過我們似乎從未真正了解過這個神祕的世界。我們降生到這個世界，有幸與上帝生活在一起並能夠觀察研究周遭的一切，可是卻參不透上帝的心思。大自然莊嚴而壯麗，它一直默默注視著我們，允許我們去質疑、去探索、去研究，但卻不讓我們找到答案。我們所信奉的宗教宣稱能夠闡釋和解讀上帝的宗旨，但在大自然高深莫測的眼神注視中它顯得那麼脆弱、教條而又自負。我們最為寶貴的人倫道義及憐憫之心在這種強大而神祕的力量面前變得如此蒼白無力。

我想，即便如此，生之金線仍然在黑暗中閃閃發光，因為即便經歷了過去的林林總總，我們所謂的知識和信仰儘管不堪一擊卻仍然存在；只不過即使是最先進的技術也是在上帝的引導下產生的。如同那隻梁龍從上帝那裡獲得了盲目的衝動一般，這就是我們從上帝那裡獲得的恩賜。我們亦獲得了強大的信念，只有它能夠給予我們夢寐以求的平和。它使我們相信我們盡在上帝的掌控之中，無一遺漏；它使我們懂得在上帝面前沒有高低貴賤之分；它讓我們意識到在上帝規劃的藍圖中每一個渺小的我們都有自己的一席之地。這就好比巨大炙熱的太陽與浩瀚大海中的一顆水滴是等同的。它就存在在那兒，不可毀滅，帶著威嚴，不可侵犯；能夠進行無數次的重組，可以不斷進行修正，但是它的存在感是無可辯駁的。

這是永恆的真理，儘管理解得不是很透澈，儘管沒有一貫地執行下去，可是它應當讓我們獲得些許信心與耐心。在不經意中我們可能沒有過於在意它；在痛苦悲傷的日子裡我們可能覺得它毫無用處；但是這絕不影響它是真理的事實。隨著我們對真理的不斷追尋，我們這些凡夫俗子會越來越相信真理，也會為接受教誨做出更加充分的準備。這些教誨就是大自然內心深處最想讓我們懂得的，也是上帝試圖要教給我們的，或者說至少也是上帝希望我們能盡可能接受的。

第十一章　邂逅飛蟲

　　有時真的很奇怪，明明是一件微不足道時有發生的小事，卻可以忽然間讓你陷入無止境的沉思中去，那沉思讓人感到苦澀，有時讓人感到無依無靠。

　　不過這也不是什麼大事。今天我在鄉間小路上悠閒地騎著車，突然一隻小蟲猛地撞向我的眼睛，那速度快得就像魚雷一樣。眼皮本能地閉上，但還是慢了一步，小蟲闖進眼中。這種飛蟲又小又硬，生命力頑強，而且還能分泌出一種有毒液體 —— 辣辣的，帶著類似於藏紅花的氣味和味道。這一切都在瞬間發生。我用力揉著眼睛，估計那小蟲已被揉碎了吧。可是我沒辦法把它弄出來，身邊也沒人能幫我。結果我的眼睛被弄得又痛又腫，折磨了我一兩個小時後，支離破碎的小蟲才從我的眼中隨著眼淚流了出來。

　　這本是小事一樁，卻使我陷入深思。首先，對於這隻小蟲來說，這就是一場滅頂之災。原本它在花香四溢的夏日和風中飛舞，享受著暖暖的陽光，猶如得勝歸來的戰馬，愜意萬分；突然「啊呀」了一聲便一頭撞進一道裂縫中，炎熱、黏稠難以逃脫，並且很快就被揉碎。牠在花花世界中只作了短暫的停留便銷聲匿跡了。而對於我來說，愜意的時光就這

麼莫名其妙地毀於一旦。

這時也許有人會說這只是一個偶然；不過我們在這世上的唯一希望就是認為萬事沒有偶然。人們相信，或是盡量讓自己相信上帝在他心中也為這極其渺小的生物留有一席之地，甚至一隻不起眼的小麻雀也如基督所說的那般享受著上帝的照護。神學家們宣稱死亡因罪過而降臨，然而這種說法卻存在著矛盾之處：無論是人類還是動物都會經歷苦痛與死亡，如果說人類是因為自己的或是先輩的罪過而要遭受痛苦與死亡，那麼動物們沒有罪過，卻為何也要面對痛苦與死亡？世間萬物的死因一定都是一樣的嗎？而萬物生靈遭受痛苦與死亡皆是由人類的罪過導致的說法更是缺乏說服力，因為早在人類出現之前的遠古時代他們就已然在經歷著痛苦與死亡了。

如果上帝是萬能而博愛的，那麼我們就會全然相信這一切的苦痛與死亡都是上帝賜予我們的，而且絕非出於惡意。而與之相反的理論則是我們人類是善惡集於一身的力量的推動者，這種理論哪怕只出現瞬間也會顛覆一切認知，令人難以接受。

有沒有可能是因為罪與罰的原則也適用於低等動物呢？牠們因自己的罪行而接受懲罰或洗心革面。那麼那隻小蟲是否因闖入我眼裡而要接受被揉碎的懲罰呢？牠的死亡是否會

使它的靈魂得到昇華呢？我無法說服自己去接受這種說辭。也許某位賢明的神學家會說世間萬物都是平等、一樣的，上帝替他關上一道門，就會再為他打開一扇窗。對此我並不否認，但也不敢苟同，因為我找不到證據來說服自己。我認為之所以這麼說只是因為人們想要證明上帝是無所不能的，是博愛的。然而自然界中以及人類生活中存在的好多現象都與之相悖。

也許有人會說瞬間發生的小事微不足道，可是這類小事卻在世界各處不斷發生。尋求真理的唯一科學辦法就是用大量的事實說話。這隻小蟲實在是太過渺小，在大千世界中無足重輕，但是它是為自己而存在的，它所感知的領域就是它的整個世界。

傳統的宗教哲學家認為人類是萬物之首，是萬物的主宰，上帝關注的主要是人類的命運。他們堅信世間萬物都是為人類而造、為人類所用，是為了使人類的生活錦上添花。不過，這隻小蟲撞入我的眼中可沒給我帶來多少快樂。也許那些樂觀主義者會說小蟲闖入我的眼中是要教我學會忍耐，別總是想著自己。但事實卻是飛蟲入眼引起的疼痛反倒使我更加關注自己。這件事把我從一個態度溫和、懂得享受生活的哲人變成了一個性情急躁的悲觀主義者，因為飛蟲入眼，似乎任何一方都沒有得到好處。當然了，如果說生活中有喜

就有悲，那麼這隻小蟲並不算幸運，而就我個人而言，我的道德也沒有什麼提升。在此之前，在工作之餘我忙裡偷閒，呼吸呼吸新鮮空氣，活動活動筋骨，絕不妨礙任何人，所以也就談不上飛蟲的闖入能暫時制止我損人利己的行為。

此時，可能又有人會說人不應該整日沉浸在對這類事情的空想上。人應該用平和的心態去看待艱難困苦，而不是糾結於小飛蟲的死法或是眼睛發炎的小事上。如果一個人總是糾結於無聊的刨根問底上，那麼誰也幫不了他。這類人會這樣說：「哦，你的眼界必須再寬一些，眼光再長遠一些，別為了瑣事傷神！」但是，上帝的無所不能應是體現在當他可以對世間萬物都寬容以待時，也可以從最低微的角度來公平看待微不足道的小事！對此種說法我會欣然接受。

那麼我的出路又在何方呢？這個問題很讓人傷腦筋，我尚未想出答案。我終日被無休止的問題所困擾，甚至會覺得上帝根本就不像我們所想的那樣是萬能的、公平的、博愛的，祂沒有過多憐惜苦難者，也沒有特別關愛過生物。自然界的發展規律似乎正在證明這一觀點是正確的。假設這種說法是對的，那麼我將陷入無盡的困擾當中。原本我們心目中的上帝是那麼地莊嚴、美好且帶給人希望，但我必須承認這種可怕的想法推翻了之前對上帝的印象，祂神祕莫測，重壓在人們心頭，使人感到希望渺茫，讓一切都成為徒勞。

　　我的思緒又重回到信仰和希望上。我希望周遭的一切都安好，真心實意地渴盼身邊的萬物生機盎然，幸福快樂，我覺得我的這種祈盼與上帝的意旨是一致的。如此一想，我的心不禁沉靜下來，並堅信一定在某個地方苦難也會蘊藏著幸福和美好，即便是死亡也不再令人感到恐懼，這樣的地方也許遠在天邊，也許近在眼前。

　　我在夏日的驕陽下騎行，透過薄霧向遠方望去，依稀可見在那樹叢之後一座教堂高高地矗立著，教堂的大門若隱若現。也許那就是通往死亡之門。它在陰影中靜默等待，等著我們的到來。對於身體強健、心情愉悅的我來說，那扇死亡之門似乎是不詳的，令我望而卻步。可是在我邁過門檻之後，深色的拱門及兩側透著神祕氣息的窗子映入眼簾，此時此景，我還應該有此感嗎？也許那只是一個涼爽、靜謐之所，容易勾起人的回憶，空氣中時常迴響著優美的頌歌。關於小小飛蟲的道理變得明晰，它洞悉了這裡的精髓，只留下教堂的軀殼，成為人們精神的休憩之所，它華麗卻也脆弱，經年之後便會倒塌，化為塵土。

第十二章　農場見聞

　　我住的房子旁邊是一處院子，每次路過我都會駐足片刻，滿懷興致地觀察院子裡牲畜和家禽的一舉一動及生活習性。有時一想到自己在這件事上花費了那麼多的時間會不禁感到汗顏。我無從得知那些牲畜們是否在意我的注視。在我的眼中，牠們是自天堂墜入凡間的，聰明能幹，且充滿好奇心。在被驅趕的過程中，牠們並不像牛羊那樣溫馴，那麼遵守規矩。豬是多疑的，也是謹慎的，牠很確定行走中有什麼不對勁的地方，知道這對牠自己不利，如有必要必須予以制止。住在髒兮兮的圈裡讓牠倍感不適，牠眨眨小眼睛抬頭看你，視線只及你的膝頭，似乎在表示如果可以牠願意住在一個更乾淨的地方。看到豬總是不禁聯想到荷馬筆下的受塞王女妖迷惑的水手們。牠們的身上充滿了人性，似乎正在盡力保持著鎮定，忍受著眼前的生存環境，期待有朝一日可以得到救贖。

　　與豬不同，牛群帶給人一股平和之氣。牠們皮毛光滑，輕吐著氣，怡然自得，慢悠悠地咀嚼著青草，享受著反芻的樂趣。這一切不禁使人轉變觀念，覺得素食主義也是個不錯的事物。牛如此單純而體面，讓我總是感到「牛」這個稱呼

配不上它，因為「牛」字毫無詩意可言。為了讓這個稱呼能夠配得上牠的溫文爾雅，人們只好用「牛」的古代叫法來彌補遺憾，因為古語的「牛」聽起來更加文雅、更好聽些。

農家院裡最有趣的要算那些家禽。我一直都很怕火雞，但卻不得不承認院裡有一隻年老的雄火雞讓我肅然起敬。牠的目光帶著一種高傲與挑釁，肉垂因屏息而鼓脹起來，尾巴高高翹起，像是遠航的船帆，雙翼夾緊，趾高氣揚地快走幾步，然後緩慢轉身，那氣勢就像一位身披長袍的王者。牠高高在上，傲視一切，氣勢凌人又榮耀無比。

再看看院子裡的公雞、母雞們，你會發現那公雞也是極其有個性的。他雙目圓睜，雞冠血紅，那架勢就像是要把什麼生吞活剝了一樣。但事實上，公雞的膽子是最小的。除了表面上一副好鬥的樣子，根本談不上威風凜凜。牠高聲啼叫，會讓你覺得牠在向世人挑戰，此時此刻，牠會向四周張望，一副心滿意足的樣子，似乎在宣告：「看好了，誰要是敢惹我，我可不會客氣！」可是一旦發現危險，牠會馬上倉皇逃命。哪裡還有鬥士的影子？你也許會猜想牠會一馬當先，威脅牠的襲擊者；但事實卻是牠跑得比誰都快，不顧一切地逃命，逃得無影無蹤。

今早我留心觀察了一下院子裡的母雞，看到牠們正躲在路邊的一塊岩架上避風，岩架上落滿了塵土。我不敢斷言牠

們是否和以往一樣的快樂，但至少這一天牠們湊在一起嬉戲打鬧，顯得很快樂。牠們或站或躺擠在一起，機警地瞄著四周，頭時不時地快速轉向一方。有時，有的雞因為長期保持一個姿勢而感到乏味，便慢悠悠地抬起一隻腳，低下頭去，快速地抓一下，再抖一抖無精打采的羽毛，機警地環顧四周，似乎在警告別人：「誰若是敢笑我，我會讓他後悔的！」有時，有的雞會先專注地刨刨泥土，再轉身，仔細地審視這個地方，小心地啄起一個極小的東西。有一隻母雞死死地盯著同伴的脖子片刻，然後迅速地啄上一口。還有只雞在土堆中坐下來，用腳輕輕地掃了幾下，調整好姿勢讓自己更舒服些。有時牠們「咕咕咕」地低聲慨嘆，一旦有馬車經過，她們馬上起立，似乎要不惜一切代價守衛自己的要塞。這時路對面的房子裡走出一個女人，這些母雞馬上穿過道路蜂擁而至，那種迫切感讓人覺得能否及時到達似乎是件生死攸關的大事。牠們的一舉一動極具戲劇性，無一不令人感到驚嘆。

還有什麼比看見一隻母雞找到一大塊食物卻不能一口吞下的場景更令人捧腹的呢？母雞絲毫不懂得耍手段，牠的舉動引來了同伴的注意，更多的母雞向牠聚攏過來。牠叼起自己的寶貝食物撒腿就跑，顯得不知所措。終於牠甩掉了後面的追兵，放下口中的食物並用力地猛啄幾口。可是好景不長，牠的同伴接踵而至，新一輪的追逐又開始了。如此的追

逐持續上演足有半個小時。最後，牠實在是走投無路了，便拼盡全力地一口吞下剩下的事物，身體因哽咽而不住地顫抖。食物沿著食道下滑，把牠的脖子撐得鼓脹起來。牠望著困惑不解的夥伴們，擺出勝利的姿態。

只要你用心去看，就會發現鴨子也能帶給人一絲快樂。一隊白鴨子搖搖擺擺地走了過來，牠們優美地邁著步伐，把頭抬得高高的，小心翼翼地看著周遭。鴨子的隊伍很長，彷彿是在進行宗教遊行。領唱者走在前面，其他成員緊隨其後。牠們的行為方式也像是在進行某種宗教儀式：好像事先得到指令一樣，牠們一路叫著湊到一起，排成一隊，隨著一聲嘶啞的叫聲，嘈雜聲戛然而止，然後是一片死寂。在母雞吃食的時候鴨子蹣跚而至，這場面讓人難以忘懷。鴨子們腳步沉重地踏在草地上，步履蹣跚，卻一心一意地要加入進來；牠們吃得那麼忘我，彷彿已經有幾個月沒有吃過東西了。

農家院子裡的所見所聞不僅帶給我樂趣，也讓我看到它所暗示的雙重寓意。一方面，它寓意重大卻不為人知，暗示著這些小生命全身心地投入到生活中去，認真地過著每一天。牠們做什麼事情都是心無旁貸、一心一意，對牠們來說覓食是世界上最重要的事，滿足感也是一種美德。但同時牠也暗示著消極的一面——我們人類的生存需要這些野生動物，因此我們為了滿足自己的需求而馴化牠們，從來沒有對

此質疑過，做的是如此地心安理得。可這些動物們對此卻毫不知情，不僅沒有從世世代代的慘痛經歷中吸取教訓，認清人類的意圖，反而與人類越來越親近，越來越依靠人類。然而我們人類又對牠們的想法了解多少呢？在某些方面牠們表現得非常無知，可在其他某些方面牠們又是非常聰明。我們無法與牠們進行思想上的交流，無法向牠們做任何的解釋。牠們有難時我們會同情牠們，可是卻無法向牠們表達我們的同情。雞群裡有一隻矮腳雞，個頭不大卻惹人喜愛，近來染上了某種莫名的病症。牠與其他的雞一起跑到前門等著餵食，雀躍不已地啄食著灑在地上的穀粒，可是很快牠就體力衰竭了。牠難過地走到一邊，坐在一旁默不作聲，眼神無光，羽毛凌亂。也許是牠不明白牠為何不能像以往那樣敏捷、活躍，搞不清楚自己到底怎麼了？一個人可以什麼也不做，可以不把心中的同情溢於言表，可是儘管如此，人們還是盡力去相信、去感知這樣的病痛折磨不是偶然發生的，也不是平白無故就出現的 —— 如果連一個人都不相信「受造之物期望等候神的眾子顯現出來」的說法，牠又該如何接受它呢？

第十三章
了不起的藝術家

　　我最近一直在讀某位了不起的藝術家的生平，心潮起伏不已。這本生平介紹文筆細膩，充滿感情，文體優美。作者是這位藝術家的妻子，她與丈夫相伴多年，似乎多少受到丈夫的影響，寫作風格簡單又不失感性，如果她的丈夫的風格像那炙熱的陽光，那麼她的風格就像陽光照在月亮上後，從月亮上折射出的一絲清泠的月光。她的風格仍保留著自己的個性，與丈夫的風格相似，這與老年夫妻表情相似是一個道理。夫妻二人共浴愛河，融為一體，在歷經歲月的洗禮後表情自然會有相似之處。

　　在這位藝術家本人的作品中，言語間有著一種孩童般的純真，語言並不華麗，情感卻感人至深。他流露出的對朋友的愛充滿了真誠，毫無無病呻吟之嫌。我個人認為他的風格與多數藝術家的風格並不雷同。通常來說，當研究某位藝術家的特質時，總是能感覺到他的精神堅強而充滿熱情。當然，藝術氣質總是帶著強烈的感受，而它往往被誤認為是某種情感。不過這種感受不會是無私的奉獻精神，因為後者要求人們要去付出、給予，要為自己所愛甘願做出犧牲。畢竟

人的這種感受不能同侍二主，對於一位出色的藝術家來說，最主要的愛奉獻給了藝術，與之相對的罪則是最根本的、不可饒恕的。藝術家熱切追求的是美的意象，最關心的則是如何把這些美好的意象在作品中表達出來。許多藝術家迫切渴望、需要愛的情感，但這卻不是最終目的。他們需要的愛只是為藝術之火服務的，藝術之火是神聖的，而這種愛就是保證藝術之火得以燃燒的燃料，只不過這個燃料實在是太昂貴、太難得了。如果人們審閱藝術家的生平紀錄，就會發現這一規律，畢竟對自我表達的渴求是難以避免的。也許藝術家本人並未意識到這一點，但事實就是如此。他總是認為只有對生活的深切體驗和極致的情感才能使自己的作品飽滿而充實。我記得有位偉大的音樂家是這樣評價一個前途無量的年輕人的音樂作品的：「不錯，這首曲子很美，很純淨，從技術和表現手法上來說是完美無瑕的；可是這還不夠，它還有待改進。它所欠缺的是他對這首曲子的真情實感。」這位年輕人沒有被傳統的藝術規則束縛手腳，心中充滿了活力與情感，但是卻欠缺了對自我表現的迫切渴望，因此他看待生活的角度發生了偏差。也許他也想要抓住所有美好的事物，他也鍾愛著大地，也欣賞著山川與原野的壯麗，也對藝術充滿著甜美的夢想，也為音樂的魅力而痴狂，但是他沒有想過用自己的眼光去深度研究，或是用自己的方式予以表達。這就

像小孩吃飯一樣，只知道把飯送入口中，從未細細品嘗箇中滋味。他關注的不是它是否能夠打動他、對他有多大影響，而是它就客觀存在在那裡。這樣的人也許會在微妙的人際交往中獲得最深切的體驗，他會非常希望自己所在乎的人能夠獲得幸福，為此他不惜替他們掃除障礙、減輕負擔，只想給予不計回報，最終迷失了自我。我想也許這就是在藝術領域中取得成就的女性寥寥無幾的原因。即便她們有再強的藝術感知力和理解力，也不會讓藝術高於生活，因為她們太在乎身邊人的幸福，只有在幫助他人獲得了幸福後，她們才會感到深深的滿足。有的女性天賦極高，但為了成全只顧自己發展的藝術家而犧牲了自己的事業，這樣的例子比比皆是。這種關愛中總是摻雜著某種同情，與母親對待自己孩子的感情相似。面對孩子的天賦和對某種事物的渴望，作為母親她會施以同情，義無反顧地投其所好。儘管母親深知孩子所渴求的不一定有多重要，但她仍然願意為他全力以赴。做出如此犧牲的女性並未覺得自己在退而求其次，她們願意這樣做是因為她們所在乎的事情遠重於對藝術的追求。她們眼中的回報並不是意識到自己做出了多大的犧牲和奉獻，而是在此過程中得到了自己渴求的東西，它的美是任何藝術家所珍視和追尋的夢想都比不上的。

雖說如此，但事實就是再怎麼遊說藝術家使他相信還有

比藝術更重要的東西也是無濟於事的。人一定會把自己認為最好的事物作為自己奮鬥的目標，超出自己認知範圍的事物即便再好也不能替代。倘若強加給他，就無異於不打地基就蓋高樓大廈了，是站不住腳的。所以藝術家身邊的人所能做的也就是竭盡所能地鼓勵他去朝著心目中的最高境界努力奮鬥。

　　從另一方面來說，藝術家也應該敞開心扉追求更高的目標，當然前提是如果他能做到這點。人的眼睛可以看見某些色彩，人的耳朵可以聽見某種聲音，可是作為一名藝術家，他必須要時時記得色彩是千變萬化的，聲音也是千差萬別的，無論是超出亦或是低於他的認知水準，都不足為懼。他應該明白如果他對自己所認為的最高的目標一直持之以恆地去追尋，那麼他就可能會闖出一片新的天地。一味地認為對藝術的追求是追求最高境界是不切實際的，可以被看作是一種過度的傲慢，是極其狹隘的。他這麼做等同於閉塞視聽，對存在的聲音置若罔聞，也是一種罪過。一名真正的藝術家生活在感知的世界裡，必須廣開視聽，對上述的做法應是不屑一顧的。他應該像先知所描述的那樣比常人更加貼近生活，更加耳聰目明。某種藝術靈感可能像夜空裡的流星那樣稍縱即逝，但他也會睜開心靈的眼睛捕捉得到。當他的認知上升到一定高度，他可能會與嬌美可人的情人分手，轉而選

擇一位樸實無華的女性作為伴侶；他也可能會對乞丐女萬般
尊敬。但這種種舉動並非是種犧牲，而是一種昇華。

第十四章　年輕的愛情

　　今天我們在這裡度過了美妙的一天。與我們同住的是一對年輕的新婚夫婦，他們仍然沉浸在新婚的喜悅之中。整整一天我們所有人都成為他們二人的陪襯，因為他們的眼中只有彼此。一個細微的表情、一個隨意的眼神或是一個無聲的手勢，無不顯示著他們彼此間的默契。他們笑聲連連，驚嘆不止且充滿好奇，我們都被他們兩人的愉悅所感染。到了晚上，他們為我們大家唱歌表演。妻子是一位小有成就的鋼琴家，丈夫則是位出色的歌唱家。儘管他們的才華讓在場的每一位都為之動容，但實際上他們只是在為彼此表演。我們坐在一間裝飾華美的房間裡，房內燈光昏暗，光暈籠罩著這對快樂的新人，他們真情流露，讓人為之動容。妻子為大家一首接一首地彈奏樂曲，每首都是那麼悅耳動聽。不過我發現她的演奏無法進一步深入詮釋曲子所要表達的憂愁，那是一種飽經創傷的靈魂想要傳遞出來的情感。她透過輕快的小步舞曲傳遞著笑聲與光明，她彈出的旋律訴說著甜蜜與喜悅，使得整個房間都像灑滿了陽光，充滿著暖暖的味道。而丈夫也傾注所有力量演唱著歡快的歌曲，聲音宏亮，帶著男人無比的驕傲。在他演唱一首情歌時，那情歌就像一條清澈的小

溪，蜿蜒流淌在甜美的夢境裡，使人很容易就能感受到他流
露出來的真情實意。可是當他想嘗試著演繹一首憂傷的歌曲
時，那憂愁的味道顯得那麼不自然。我猜對於他來說歌中所
描述的苦痛在他的生活中完全體會不到，從他心中湧出的都
是生活中的快樂。我們在房間裡坐了很久，直到滿屋的人都
陶醉在其中，一切的鬱悶憂愁、艱難困苦似乎都被驅趕得沒
了蹤影。這樣平和的氛圍不禁讓人感到真摯與滿足，自動地
將陰鬱一掃而空。這對新人為彼此而生，同時又把自己的喜
悅分享給全世界。他們慶祝的時候有時表現得就像小孩子一
樣無所顧忌，通常來說這些表現會讓憤世嫉俗的人感到不屑
甚至於憤慨。可事實卻是他們並沒有背離高雅，尺度拿捏得
恰到好處，只是讓人感到新鮮而真實，彷彿這是上帝賜予他
們的禮物。兩人手挽著手，就像已經進入深山，看到了耶穌
的登山變像。經過這樣的洗禮，他們並沒有學會享受孤寂，
反而招呼其他人也來登山，並安慰他們說登山的路平坦而好
走。幸福的時光飛逝而過，只留下滿室的芬芳。無論將來會
發生什麼，他們都已品嘗過了快樂的聖酒，並且還邀請我們
一起來品嘗。

第十五章　奇特的聚會

　　夏日的一天我去鄉間散步，那裡離我家不遠，丘陵連綿起伏。我經常走的一條小路不僅幽靜，還能一直通往山上，一路走上去可以俯瞰平原。路的兩邊是陡峭的岩壁，榛樹鬱鬱蔥蔥。人走在山路上感覺不到自己到底走了多遠，等走到了山頂，眼前的景色變得豁然開朗，人們往往會大吃一驚。距離山頂不遠處有條岔路通向一座廢棄的採石場。採石場四周是不算很高的峭壁，土丘野草叢生，地面坑坑窪窪，到處都是樹叢，地面上的草皮高低不平。春天這裡的景致分外迷人，當然在其他季節這裡的景致也是很不錯的。這裡鮮花盛開，鳥兒悠閒地在樹叢間穿梭、低鳴。這裡的風景使我不禁聯想起了《弗洛斯河上的磨坊》中的場景，作品中描述的紅苑就應該是這個樣子吧。我時常幻想著若是附近一帶真的有仙女存在，那麼一定是在這裡才能找到她們的蹤跡。不過對於到底有沒有仙女這個問題，我一直抱有懷疑的態度，因為現在的鄉間新蓋的別墅與日俱增，就算真的有仙女存在，也早就被嚇跑了。在某個月色皎潔的夜晚，我再一次來到這裡。我一直堅信這裡到處都是精靈，它們肯定會笑我耳不聰目不明。如果我能悄悄潛入這個地方，我就應該能看到奇奇

第十五章　奇特的聚會

怪怪的小東西在我面前晃動，而後再感到一陣竊喜。

　　一天下午，當我朝著採石場走過去的時候，忽然發現這樣的清幽之所竟然被打擾了，頓時大感不悅。我看見幾輛大馬車停在路上，又聽見一陣肆無忌憚的笑聲傳過來，聽起來那麼刺耳。我又走近了一些，始終猜不透到底是哪裡來的「不速之客」。他們看似要離開的樣子，有兩輛馬車已經坐滿了人，另一輛車裡正陸陸續續往裡進人。我又走近一點，還是沒弄清楚到底是怎麼回事。這夥人的著裝非常相像，都是清一色的褐色衣服、黑色軟氈帽。不過在這些租來的大馬車裡，每輛車裡都坐著一個頭戴帶穗兒的帽子、身穿制服的人。其餘的人多數都已是年紀一大把了，也有的是剛上了年紀的。幾乎所有的人的鬍子都已灰白，有的人的鬍子甚至已經全白了。他們斷斷續續地唸叨著，嘰嘰喳喳地，很奇怪的樣子，而且只是自顧自地說著，根本沒注意別人在說什麼。不但如此，他們的裝扮也很奇怪。有的人的帽子上插滿了鮮花，有的人則是頂著樹葉編成的花環。還有個人用雛菊編成花環套在脖子上。他們看起來很快樂，像孩子那樣的乖。我走進採石場的大門，在院子正中央又看到一副更為奇特的場面。一些上了年紀的人站成一圈，帽子上裝飾著花環，手挽著手，緩慢而嚴肅地跳著舞。其中一個人身材矮小卻很壯實，面色紅潤，鬍子一大把，看起來應該是他們的領舞。他

一邊輕盈地跳著舞，一邊唱著鄉村歌曲，帶領著其他人一圈一圈地轉著，而其他人的身姿明顯不如他靈敏，卻跳得投入而忘我。一個年老體弱的老頭面帶微笑，正努力做著跳躍的動作，雖然姿勢笨拙卻極其投入。還有幾個人圍在一旁欣賞著舞蹈，不遠處站著一個高大、表情嚴肅的男人。那個人渾身戴滿了鮮花，一邊大聲地自言自語，一邊一圈一圈地旋轉著，完全沉浸在喜悅之中。他轉得有些頭暈了，向左邊踉蹌了幾步便摔倒在地上。他躺在地上輕聲笑起來，雙手在空中不住地揮舞。這時一個長官模樣的人朝領舞的人耳語了幾句，頓時舞蹈停了下來，跳舞的人四散開來，走到四周忙著把一小捆一小捆的花花草草聚攏到一起，然後走到門外集合，爬上馬車。採石場頓時清淨下來。那些人當中還有幾個人朝我揮手告別，嘴裡唸叨著莫名其妙的話語，並遞來手中的鮮花。

　　我一頭霧水搞不清狀況，只好向其中的一位長官求助。他很客氣地解釋說這是為某地窮人瘋人院舉辦的郊遊活動。我這才恍然大悟。我說：「他們看起來玩得很開心。」「的確如此，」那位長官回答說，「他們就像小孩子一樣，一年到頭就盼著這次郊遊呢。對於他們來說再沒有什麼懲罰比禁止參加郊遊活動更為嚴重了。」他邊說著邊爬上最後一輛馬車，隨後馬車緩慢駛離開去。車裡的老人們發出愉悅的歡呼聲，掩蓋住了車輪滾動的聲音。

我覺得這件事一點都不可笑，心中只有滿滿的感動與溫馨。這些可憐的老人們飽受病痛的折磨，長時間與社會隔離。他們想要重拾童年的記憶，重溫童年的遊戲。在他們仍然是正常人的時候對春日的記憶應該已經模糊了，可是卻在心底讓他們留下了如此深的印象！讓我感到欣慰的是他們看起來玩得非常開心，連度假的學生們玩得都沒有他們投入，這也算是對他們必須要面對的無聊歲月的一種補償吧。有人可能會認為他們屬於一個孤獨的族群，生活不如意，喪失了心智，承受著世人最不願面對的精神折磨。不過至少就在這一天，他們無憂無慮，獲得了完全的快樂，那種快感連我都望塵莫及。面對這樣的快樂，再去追問為什麼要讓他們面對這樣的不公已顯得毫無意義，因為無論怎樣他們此時此地已得到了最純粹的快樂，不含一絲雜質。我走在路上，心中驚嘆不已，甚至湧起新的希望。我搞不清楚為什麼會人生失意，為何要遭受病痛折磨，這些東西肆虐於世上，就像一道醜陋的裂痕附著在一座宏偉的大廈表面，讓人唏噓不已。然而造物主盡他最大能力對裂痕進行了修補，祂給予的慰藉是多麼的體貼與英明！他對於我們所擁有的幸福生活的了解是我們這些凡夫俗子遠不能及的。思及此處，我抬眼望向起伏的紫色平原，看到長在平原邊際的茂盛林木，看到那水草豐美的牧場，看到那上百座村落上空升起的裊裊炊煙，我的心

中升起一股信念，平和而堅定。它在我的心中湧動，渴望對造物主的意圖窺知一二；祂帶著一種包容，包容著距離我們遙遠的事物，並安撫我們略顯焦躁的情緒。祂的安撫就像海洋用它的博大胸懷融會不知安分的溪流一樣，在緩慢起伏的波浪中使它們漸漸融為一體。

第十六章　完美的殘缺

　　今天我去拜訪一位老友，我們已經有近十年沒有見過面了。前些年他不小心摔了一跤，結果造成好一段時間都不能正常行走，不過仍有康復的希望。可是他肯定在什麼時候又受了一次傷，自己可能並未意識到，但後果很嚴重，因為在恢復了一段時間後，他的傷勢又惡化了，基本喪失了行走的能力。受傷前的他思維活躍，人也好動。他居住在市郊，在當地的小鎮上有自己的買賣，且生意興隆。他的個子高高的，黑頭髮黑眼睛，一副悠然自得的樣子，屬於那種吃苦耐勞、精力旺盛型的男人。平時他愛好讀書，喜愛音樂和繪畫。他娶了一位教養良好、性格開朗的太太，但是他們沒有小孩。他比誰都熱愛生活，為此我曾一度難以接受，怎麼會有像他這樣的人，愛好竟能涉及生活的各個方面。無論他做什麼事都會像小孩一樣全身心地投入進去。

　　他的房子很漂亮，屬於老式住宅，房前有一處大花園，園內植被茂盛，很是陰涼。我被請進書房，房內陳列著好多書籍。忽然我看見一個人影吃力地進入我的視線，他架著一副拐杖，走起路來緩慢而費力，無論如何我都無法把眼前的他與我記憶中的老友聯繫到一起。他駝著背，弱不禁風，頭

髮花白，表情沉靜，滄桑的雙眼透露出這些年來他的遭遇。不過好在他的聲音並未發生改變，還是那麼洪亮、有磁性，讓人過耳不忘。他坐了下來，沒有立即開口說話。我猜即便只是從一個房間走到另一個房間也會讓他痛苦不堪吧。片刻過後他開了口，先對我講述了他曾經發生的事故，然後又提到了如何尋醫問藥、治療傷病。後來他又說道：「好在醫生已經言明他們實在是無能為力了，我也不用再到處求醫了。」他說每天他仍然會去鎮上照看生意，雖然無法親自駕駛，但可以用輪椅代步。照他的說法，他的生意仍然很好。他沒說過一句他是多麼的不幸，然後他就把話題轉到了讀書和政治上去了。慢慢地，我意識到坐在我身邊的仍然是那個性格豁達的老友。他的開朗是不經意間流露出來的，他對早年愛好的執著絕不是刻意而為之的。那種開朗和樂觀發自一個熱愛生活的人的內心深處。當他與我探討問題時，仍然像多年前那樣雀躍不已。他的笑聲透著一股率真與幽默，只有真正滿足於生活現狀的人才會發出那樣的笑聲。

　　不久後他的太太也加入進來，我們坐在一起聊了好久。我被他們之間的默契深深感動了。他的太太對他沒有表現出絲毫的過多關注，而我總認為對於病人來說過度關照只會讓他們覺得自己拖累了別人，是個廢物。而我的朋友對此也沒有表露出任何的不適。通常來說很多行動不便的人都會有

這種不適之感，性格急躁、活潑好動的人更會如此，那些思維活躍的人、常常注意到自身行動不便的人都會有此不適之感。在談話過程中我的朋友曾想戴上眼鏡朗讀書中的一段話，於是他請太太幫忙找眼鏡。其實眼鏡就放在他的上衣口袋裡，可他的手卻無力把它拿出來。他很不好意思地表達歉意，這不禁使我大為感動；在看到他的太太因為這個舉手之勞而深感滿足時，我竟然有種熱淚盈眶的衝動。稍後在午餐當中同樣的事情又發生了，這一次是請一名年輕的服務生幫忙。我完全了解了他是多麼的無助。

在下午的時間裡我從他太太口中了解到他的行為能力越來越差了，不過他的太太並沒有為此大驚小怪。目前來看，他還能自己拿著書本看書，也能自己翻頁，不過卻不能持續太久。為此他還特意設計了一個讀書的工具來自娛自樂。儘管如此，他的太太在談及將來時仍然語氣平靜。她說有鑑於出入辦公室對於他來說已是困難重重，他正在著手安排，打算直接在家裡處理生意。

在我拜訪期間，他一直表現得非常愉悅，向我提及自己遇到的趣事，言語之間絲毫沒有自怨自艾的流露。

要是我發現了他們苦苦壓抑自己的跡象，或是他們發發牢騷，哪怕只是偶爾發發牢騷，亦或是看到他們在苦中作樂的決心，我都會為他們感到欽佩及感嘆，慨嘆他們的毅力和

爽朗。可事實卻是上述的種種無從覓得。雖然我不敢肯定他們是否是在歷經了絕望與不幸之後才獲得了這份溫馨而甜蜜的承受力，但是我的答案更傾向於否定。對於我而言，這更像是在大災大難面前男人氣概和女人氣概的一種表露，這應是仁愛的上帝賜予這對單純而豪爽的夫婦的一種補償。他們為彼此而生，他們的性情是如此地美好，如此地令人驚嘆。我試著假想如果我自己遭遇到了同樣的不幸，我會怎麼對待。想來想去最後的答案就是我會變得焦躁易怒，在痛苦與麻木之間反覆煎熬。下午時分，我的朋友和氣地笑著對我說：「我似乎更愛看這些經典老書了，過去曾走馬看花般地翻過一遍，可是現在我可以花時間認真思考書中的內容了，然後進行反思。過去我從不知道反思是件多麼令人感到快樂的事。」在他說話時我不禁設想如果我有此種遭遇，那麼我的生命力、生活的顏色都將被從書中抹去，只剩下一片衰敗。過去我總是認為書的魅力有一半來自於對生活和經歷的評判及兩者的相互作用，可現在我對此表示質疑。結果他卻對我說：「不是這麼回事，我認為不是。與以前相比，我現在對人、對事、對某種想法更為感興趣。人們可以在更為純淨的春日裡找到、發現他們。不知道我說沒說清楚，但我覺得人們看問題的角度各不相同。當一個人的想法受到限制，許多事情對於他來說已變得不切實際，那麼這個人看問題可能會

看得更為清楚、透澈。」在我起身告辭的時候，他朝我笑笑，並說歡迎我再來。他又說道：「別為我擔心。」他的太太站在他的身旁也說道：「其實您根本就沒有必要為我們擔心。」語畢他們夫婦相視一笑，我忽然感到他們是在講一個顯而易見的真理，他們已參透了人生的真諦，處於一個寧靜祥和的境界。我窮盡一生都在期盼，都在為之擔憂、都在為之奮鬥，卻在不經意間錯過了它。這是多麼令人遺憾！可又是多麼令人著迷！在回家的路上我忽然感到自己是剛剛從聖地返回，我已看到了人性的蛻變，它是那麼莊嚴、那麼平靜，那麼神聖。

第十七章　牛津之美

　　在這個世界上有些事情看似無足重輕，實際上是值得稱頌的，而且對它們的稱讚是件令人非常愉快的事情。這些事情就是愛情與友情，美食與睡眠，春日與盛夏，它們等同於世上最富哲理的書籍，最奇妙的畫面或是最令人享受的居所。但我最想寫詩讚美的地方則是牛津。我曾到過那裡，但是次數不多。牛津在我的心裡可被稱為世上最美好的事物之一。

　　我想稱讚的並非是指具體哪個建築壯麗非凡，而是牛津給人的整體印象。比如說在某個陽光明媚空氣涼爽的一天，我獨自一人漫步在牛津街頭，不禁為眼前的美景所陶醉。那種感覺就像是一個潦倒一生的窮人平時恨不得一分錢都掰成幾份來花，忽然就被帶到一座金山面前，然後被告知金山歸他所有了。

　　我曾聽過某種愚蠢的論調，說牛津蓋房子用的石料質地不好，這對於牛津來說何其不幸。這一點從某個方面來說的確是種不幸，因為某些較真的人真的會去修復、翻新被歲月侵蝕得面目全非的建築。我記得在我小的時候曾來過一次牛津，覺得有些建築實在是太破舊了；可是現在我已長大成人，

第十七章　牛津之美

也更加明白事理，我能從那破敗不堪的建築物上看到宮殿的宏偉，能找到歲月的印記，那是一種溢於言表的美。看著它我心潮澎湃，充滿感激之情，心底叫囂著，急切地想要與它分享它的榮耀。

　　建築表面的顏色已微微發暗，顯得莊嚴而憂鬱，可是它反映出來的卻是生活中的陽光與純淨：春天的小樹剛剛抽芽，泛著青綠色，樹枝頂端綴滿了栗子，小小的蠕蟲像葉子一樣附著在飛簷和護牆上。這一切形成了鮮明的對照，讓人浮想聯翩，覺得正是這種鮮明的對照構成了建築之美的精髓。穿過已蒙塵的庭院，所見的線條是那麼柔美與和諧，彷彿與土壤融為一體；自己彷彿置身於遊樂園中，腳下是天鵝絨般柔順的草坪，到處鮮花盛開，這迷人的景象使人不禁為之輕嘆。這裡的門柱的美是無與倫比的，柱子頂端鑲有網狀鐵藝，細小的爬藤與之糾纏在一起，讓人覺得彷彿置身仙境，讓人覺得進入門裡就能找到棲身之所，還有那美麗的噴泉。在肅靜的公園裡我也曾見過與牛津類似的建築，同樣是老建築，同樣是那麼宏偉，也同樣地結構勻稱。可是城市裡的空氣中帶有一抹特有的暗色，鎮子裡則飄蕩著裊裊的煙氣，增添了一股莊嚴、神祕的味道，這些都是鄉間所沒有的。走進大門，發現裡面的景象更加值得稱讚：殿堂的牆上鑲嵌著木條作為裝飾，屋頂刷成黑色，成行的畫像靜默地凝視著訪客；

小教堂的前面安放著為唱詩班準備的座椅，四周擺放著華麗的圍屏，教堂的窗子華美而富有歷史，使得教堂內略顯幽暗。看那塔樓、那穹頂還有那高聳的尖塔，不僅與那如茵的綠草相互呼應構成人間仙境，更為難得的是它們竟然存在於城市中心。房子雖然古老卻不失雅致，而且隨著時代的脈搏正在充滿生機地律動著。強烈的反差既滿足了人們在心靈上的需求同時也讓人感受到日常生活中的樂趣。它擺脫了世俗的喧鬧，那庭院、那迴廊是人們不受打擾進行靜思的最佳場所；與此同時，生活的忙碌卻又近在眼前。在這裡人們既可以接受世俗生活的挑戰，又可以繼續自己精神上的休憩。

我不敢斷言自己的品味到底有多好，但我敢肯定的是牛津的建築洋溢著義大利的風情，充滿古樸之感，單在這一點上要遠勝於哥德式建築。哥德式建築是古雅的，也許更為別致些，但是牛津的這種古典建築透出一種莊嚴的壯觀與高貴之感，與當地富庶、安寧的氛圍極為和諧。哥德式建築在歷經風霜之後得以保存下來，也因此備受關注，也更加顯得充滿詩情畫意。可是這些古樸的門廊以及樓宇帶給人更加高貴的感覺，更加適合作為現代牛津城的陪襯，因為牛津精髓體現的正是文藝復興的精神而非學院精神。我個人認為教權主義更應該是當地的特色之一，而不應成為當地的本質屬性。我是說我非常認同正統的教會給牛津帶來的高貴典雅的影

第十七章　牛津之美

響，但是牛津所宣導的精神應是自由精神。經歷了牛津運動的教堂中，這種影響所遺留的痕跡隨處可見：沾著細小汙垢的玻璃窗，年久失修的圍屏以及現代哥德式的木質裝飾物。假如它們從歷史角度講都算作是無足輕重的話，那麼也只能從藝術角度上被看作是一種藝術缺憾了。它們的存在暗示著社會發展中的一個階段，當時的人們想要重回使用日晷的時代，提倡更為狹隘、更為呆板的論調，試圖新瓶裝舊酒，讓歷史的車輪後退。它同時也反映出人們對無所不能的上帝缺乏信心。我對這種束縛思想的做法深惡痛絕。理想中的宗教應是活力四射、充滿生機的，而非循規蹈矩被老套的傳統束手束腳。因此我推崇在高貴典雅的古典建築中進行神聖的宗教儀式，因為這表示人們渴望把希臘的思想精髓及高貴的羅馬帝國主義引入到謹小慎微、與世隔絕的宗教當中去，使之更為飽滿、更具規模，讓人們更加自由也更加審慎。

　　牛津的建築只是牛津城的一部分，除此之外，牛津精神——這個城市的內在精髓還體現在它能讓人產生滿足感的魅力上。一方面體現了智慧的重要性，在這裡人們的生活簡單純樸卻又不失朝氣，除了生活富裕，整個社會井然有序，氣氛祥和。在這裡人們可以安心做事，可以傾聽悅耳的鐘聲，可以長時間不被打擾專注於自己的事情。這裡民風淳樸，建築典雅，經過精心打理的花園隨處可見，是人們理想

中的生活之所。在這裡，蓬勃的朝氣四處湧動，身材挺拔、動作矯健的年輕人成群結隊，享受著快樂與生活，構成一道迷人的風景。上帝賜予的最好的禮物 —— 健康、工作、娛樂、社交、友誼，對於他們來說唾手可得。生命的脈搏在有力地律動，貫穿在莊嚴而壯麗的建築之間，構成了牛津的內在精髓。這裡的生活充滿希望，交織著各種情感與體驗，沒有陰鬱、沒有幻滅亦沒有厭煩，像聖壇上的聖火熊熊燃燒，散發著香氣，帶給人溫暖，讓人看到生命的意義，即便是幽暗的殿堂也會賦予它火熱與活力。

所以牛津的重要性在於它是英格蘭的指南針。它的重要性也許不是在於其學術上的見地，不是尚不成熟的自由主義，不是什麼遠大抱負，亦不是什麼政治理想，它更沒有能力使英格蘭成為一個世界霸主、世界的核心力量。英格蘭的壯大要歸功於那些富有生氣的水手，勇猛的士兵，手腕高超的商人，還有那些冷靜的政府管理者。憑著一股頑強的開拓精神，英格蘭征服了世界，統領了世界。牛津的才智情感也許不是英格蘭變強大的直接誘因，但若是加以悉心培養，很有可能會影響整個世界的精神領域的發展。牛津的某些方面並非帶有明顯的英格蘭的特徵，但卻帶有廣義上的兄弟情誼，這種情誼超越了國籍的界限，與之類似的某種精神已然超出地域和時間的限制，在精神領域創建了不朽的豐碑。牛

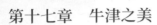
津是個人才輩出的地方，大衛的讚美詩就是在這裡一氣呵成的。荷馬與索福克勒斯（Sophocles）、柏拉圖與維吉爾，但丁與歌德等人與牛津群體均屬同一類型。也許有人會說約翰牛曾對此種影響力不屑一顧，認為牛津只是人們生活中的一個點綴，如同叮噹作響的吊墜，可有可無。可是但凡心胸開闊、情感細膩的人都會私下向牛津致敬，把牛津當作一個祕密基地，偷偷播下美麗與情感、智慧與領悟的種子。每當他們看到這個神聖的殿堂，見到一磚一瓦、一草一木，哪怕只是匆匆一眼，也會雀躍不已，激動之情無法言喻。他們會由衷地讚嘆道：「多麼美的教堂啊！」然後便開始虔誠地祈禱，沒有任何約束亦沒有任何抱怨。

第十八章　關於寫作

　　一次聚餐上我遇見了一位不常見面的朋友，他從不誇誇其談，勤勞、能幹，為人謙虛而坦率，尤其是能寫一手好文章，語言優美，風格簡潔。我告訴他說我猜我的人生使命就是每逢見到他都要打聽他近來在寫些什麼，再央求他多寫點東西。他笑著告訴我說他一直忙於教書，找不到太多的時間用來寫作。他又接著說道：「而且我覺得應該少而精。」他向我解釋說每當有靈感時他非常樂於寫點什麼，可是遣詞造句、反覆斟酌是個非常嚴肅的過程。

　　聞聽此言我不禁有些詫異，因為雖然我發表的文章不多，但是對於我來說寫作是頭等大事，是人生一大樂趣。我不禁暗自狐疑是不是我寫得有點多了。於是我問他：「你是說一個人習慣於圍繞一個主題來寫，儘管有些變化，但還是同一個主題沒變，對嗎？」「的確如此，」他答道：「我就是這個意思。每當我寫完一個我所關注的話題，我都會等上好長一段時間，等新的想法充滿我的腦海我才會再次動筆寫作。」

　　接下來我們又聊了點別的話題，可是在此後的時間裡我一直在不停地思考，在想我的朋友說的到底對不對。如果寫作真的如他所言，那麼恐怕寫作會是唯一一個有如此多限制

的藝術了。我們不應該認為畫家畫得太多了，但我們可能會質疑他的作品中尚有不完美之處。可是如果畫家已全身心地投入到藝術創作之中去，我們就不應該對他所做的不懈研究和勾勒出的草圖再做任何的指指點點，因為正如特納（William Turner, 1775-1851）所言，畫家不斷地研究所有能打動他心靈的美好事物、為其勾勒草圖，日復一日，這一切都是畫家的心血結晶。事實上我們應該感覺得到有些信手繪製出來的草圖有種獨特的魅力，值得尊敬，是精雕細琢之後的作品中所欠缺的。總而言之，畫家所做的準備工作越多，他完成繪畫時就越有信心，也就完成得越快，就能以最小的代價換來最好的藝術效果。音樂家也是同理：沒有人會指責他整日醉心於音樂。所有的手藝人都是同理，他們越勤奮，手藝就會越高超。

　　現在我越來越相信文章寫得好不好不在於寫作過程中花了多少心思進行潤色、修改，也不在於到底拖了多久才算完工。比起這種寫作方式，把心思花在全新的創作上得到的結果會更好。寫作於我而言是這世間最易獲得的快樂，也是最大的享受。把某種想法用語言描述出來是我最愛做的事。坦白地講，每天我都要做好安排以確保有充足的時間用來寫作，我這樣做絕不是因為迫於某種壓力，而是出於對寫作的一種純粹的喜愛。生活中到處都是可寫的話題，到處都能看

到美好的事物，到處都能找到喜悅與哀傷，因而我迫切地想要用語言把它們全部描述出來。不讓自己動筆寫作對我來說是對我的自我克制力的最大考驗。當然，寫作也不總是一帆風順的：我有成堆成堆的手稿積壓在那裡，要麼是文章觀點有問題的，要麼是語言表述有問題的，要麼就是兩方面都存在問題的。不過雖然如此，如果時間允許我還是要寫好多書的。

老實說我本人並不認為寫作中應該感到過多的焦慮。如果一篇文章在經歷了艱難的構思、反覆的修改後才成稿，那麼我猜讀者讀起來也同樣會感到辛苦萬分。正如在老教堂裡看到的雕刻滴水獸，身體扭曲，形狀怪異，像是被重物一直壓著無法得以伸展，也有的張著大嘴，讓水從口中排出去。就算這些雕刻再怎麼精美也免不了讓人感到壓力和緊迫感。寫作就是這個道理。關於寫作我的看法是觀點應該盡可能地明確，語言表述應該像潺潺的溪水般清楚、流暢，結構應遵循思路，盡可能做到簡單明瞭。我認為經過反覆實踐就能達到這個程度。如果寫完了一篇文章，發現它冗長、拖沓，就乾脆把它扔到一邊吧。不過儘管這一次寫作並不成功，下一次的嘗試一定會比這一次要好很多。

我從不認為一個人能一口氣寫很長時間還能做到表意清楚。我的頭腦最清醒的狀態也就維持兩三個小時，我會抓緊

時間進行寫作，這可以確保文章思路清晰、避免思路混亂。可如果作者一直處於焦躁不安的狀態，把文章改來改去，那他肯定做不到這一點。寫作時要思維敏捷、充滿熱情，從而避免不必要的重複、贅述。一個深奧的問題應該被分成幾個部分，再逐一進行論述。像福樓拜（Gustave Flaubert, 1821-1880）這樣的文豪在思考問題時要麼是躺在躺椅上思考，要麼是邊在房間踱步邊思考；他會花上幾個小時用來推敲一個詞。他的這種類似自虐式的做法很讓人佩服，可我擔心這麼做可能不會讓他達成所願，因為這麼做可能使文章結構很完美，但卻抑制了思想的馳騁，限制了思維的自由。

除了觀點清晰和語言豐富，情感的融入也很必要。如果做到了這三點，那這篇文章就算是一篇佳作了，而寫這篇文章到底用了多麼短的時間已可以忽略不計了。三者缺一不可，否則文章就會觀點模糊、語言拖沓或是做不到琅琅上口。所以我覺得一位真正的語言大師應該做的就是專心寫作，其成敗關鍵在於最終對文章的篩選上。比如說在論述一個大問題時，其中的一個小部分寫得不好，缺乏說服力，那就乾脆把它棄之一旁，短期內不再考慮它了；用不著挖空心思地去修改一篇敗筆。過段時間等思路清晰了再重新寫這個部分。一個真正熱愛寫作的人是不會在乎到底要寫幾遍才算滿意的。

我說的都是實話，因為我自己就是這麼做的。每當一天的忙碌過去之後，我便會急切地坐下來想要寫點什麼，這對於我來說是個非常神聖的時刻。我對寫作的感覺可以用「如飢似渴」來形容，就像一個飢腸轆轆的人坐在一桌珍饈美味面前那樣，感到那麼地滿足，那麼地快樂。寫作的過程中會產生各種情緒，如果條件不允許我寫作，我得把時間浪費在其他什麼事情上，我會感到極其沮喪。

　　按理說我如此渴望寫作，早就應該有所成就了，而且在此過程中定會有大喜大悲。其實於我而言享受的是寫作的過程，並非最後到底寫出了什麼。對於別人給我的讚賞我也會滿心歡喜，不會裝作毫不在意，但那種快樂遠遠趕不上寫作中的快意。

　　我並非不知好歹，而是深知這種被讚美的快樂可能隨時離我而去，而寫作的快意卻不會，因為這世間有著太多太多可寫的話題。有一個古老的美麗傳說，說的是有一天一位聖人看到一個閃閃發光的物體飄向他，他一伸手接住它，發現是一個黑球，球體外面雲煙繚繞。他把它小心地托起，仔細觀看，發現它就像是一個被微縮了的地球。球體上面有陸地和海洋，上空還飄著朵朵白雲；這個「地球」極其精緻，在上面甚至能看到城市和平原，而且還有微小的身影在上面移動。聖人把一根手指放在球體的一處，把一個小群島從那裡

移走。在小島上居住著一個民族,他不禁莫名地為他們感到一陣淒涼和不適。這時他聽到一個聲音說道:「他沒太把這個小島當一回事。」聞聽此言一個念頭闖入腦海:他所做的一切都取決於島上的這些人,他應該去到那裡,給那裡的人們帶去希望。

這是一個美麗的傳說,而我總是覺得藝術家的工作也是同理。藝術家要從大千世界當中找到最吸引自己的那個角落,然後盡己所能帶給人們希望,在此漫漫長途中他會感到無比的快樂和希望。

第十九章
《哈姆雷特》的啟示

　　昨天與朋友一起談論戲劇，雖然我們在聊著，但是我卻不得不承認其實我對戲劇並不太感興趣，當然我並不否定的確有好多人對戲劇如痴如狂。其中一個常年流連於劇院的朋友轉過頭對我說：「無論如何，總是有那麼一部膾炙人口的戲劇能吸引不同層次的人群，窮人也好，中產階級也好，還是有教養的上層社會人士也好，都能為之打動。《哈姆雷特》就屬於這種戲劇。」「不錯，」我接著說道：「不過我很好奇它的魅力到底在哪呢？」他回答說：「這個嘛，我想是這樣的：在栩栩如生的刻劃下，除了其語言魅力，還有其情感魅力。這種情感能打動這世上所有的人。在《哈姆雷特》中，所有的人都能或多或少找到自己的影子；所有的人都曾有過被周遭的環境壓得喘不過來氣的經歷；此外還有一點，」他補充道：「人人都對這種情形感興趣 —— 一個人擁有完美的外在條件：年輕，健康，富有，有地位，有愛心，有熱情，有激情，可他卻深陷痛苦當中無法自拔，最後在命運的驅使下走向毀滅。」

　　他的評論意義深遠、細緻入微，在我的腦海中迴響著。

《哈姆雷特》當然還有好多值得玩味之處，如高水準的言語表達，帶著神祕意味的感傷，不可思議的恐怖氛圍，老於世故的機智以及細緻入微的洞察力。不過與貫穿全劇的中心思想比起來，這一切都退居到了次要位置。一帆風順的哈姆雷特忽遭晴空霹靂，要被迫面對一幕充滿陰謀意味的慘劇。深陷絕望的他猶豫彷徨，無法坦然處之，終日處在陰影的籠罩之中。每天一睜開眼就看到的世界在他的眼中曾經是那麼地美好，而今卻變得醜陋猙獰。一系列的驚駭化身為魔鬼糾纏著他，打破了生活的寧靜，友誼、愛情、自然、藝術……這一切都因猜忌變得沉重而無法負擔。從臨海的城牆高臺，到大炮轟鳴，再到一具具屍體被搬運回來，每一個場面都帶給他震驚與不詳之感。哈姆雷特做不到對此視而不見，安然入睡。即使他想這樣做，哪怕只是一瞬間也會立即被悲傷搖醒，然後睜著眼一夜到天明。哈姆雷特還不夠堅強，沒有勇氣去面對這一切，顯得束手無策。煩躁不已的他輾轉反側，看不到希望，只想逃避。他的憂愁與猜疑甚至感染了周遭的一切。死亡與絕望的陰影使得悲傷在他的心中與日俱增。儘管無休止的憂傷像迷宮一樣使他深陷其中猶如困獸，甚至讓他的每一根神經都在因悲傷而顫抖，但是他自己卻毫無辦法，連一絲的慰藉或希望都找不到。他只好求助於萬能的上帝，接受命運的安排。

《哈姆雷特》成了描述飽受折磨的靈魂的代表作。憂傷的王子就像小蜜蜂一樣面對問題感到毫無頭緒。那隻小蜜蜂被關在窗子裡面隔著窗玻璃嗡嗡地叫著，猜不透那個可以摸得到卻又很透明的東西到底是什麼，想不明白為什麼自己費了九牛二虎之力也飛不出去，無法重回紅花綠樹的懷抱。有人不禁質疑，萬能的上帝為什麼不助牠一臂之力，使牠免於徒勞的掙扎呢？當劇情漸入高潮，也達到了藝術的頂端，人們經歷了探求、分析、撫慰、解脫的整個痛苦過程。即便無法給予幫助，人們也想表達一下發自內心的感受，給予飽受精神折磨的人深切的同情，用關愛的眼神撫慰他們眼中的痛不欲生，哪怕只是片刻也好。看過《哈姆雷特》之後，人們不僅滿足於劇情，情感發生起伏，還會產生一種渴望，迫切地想要盡自己最大努力去幫助世上那些飽受悲傷折磨的人，將他們從水深火熱之中解救出來。

畢竟劇中所呈現的屬於藝術上表現憂傷的手段，因為藝術追求的是純美，所以戲劇結尾很簡單明瞭。我們為此用心，可以心懷感激地接受靈魂的蕩滌，把它看作是上帝賜予的禮物，甜美而清新。可是藝術能夠做到憂傷而美麗的境界，我們這些凡夫俗子又能怎麼做呢？我們可以嘗試著去承受，希望在上帝的心中有那麼一個地方，在那裡美麗和憂傷可以並存，當然這麼做的前提是我們能夠讀懂上帝的想法。

此外我們還要學會放飛心靈，讓它帶著愛與憐憫去幫助那些
跋涉在黑暗的山谷中痛苦不堪的人們，幫助他們走出黑暗，
走向光明。

第二十章　被禁錮的靈魂

　　幾週前，我與一位牧師朋友住在鄉下。一天他和我講起一位教友的故事。那個人曾在倫敦銀行工作，後來視力衰退，直至完全失明。當厄運降臨時，他才四十多歲。銀行主管給了他一筆退休金，錢數不多，他自己也有一小筆積蓄。他有家庭，有個兒子，後來他的兒子也被招聘到倫敦銀行工作。他與妻子搬到我朋友的那個教區，找了間小房子便住了下來，過著簡樸的日子。可是不到兩年，他的聽力也開始下降了，後來變為完全失聰。雙重的打擊使他變得那麼無助。他被完全隔離在一個沒有聲音、沒有光明的世界裡，僅憑嗅覺和觸覺去感知外部世界。這一切看起來簡直是讓人無法忍受！他已經學會了盲文，還收到了幾本朋友送給他的盲文書。受聽力的影響，他的言語表達也有些障礙，當然讓人聽懂還是沒有問題的。他與人只能進行最簡單的交流，辦法就是把印有盲文的卡片組合起來構成一個句子。他與妻子一起發明了一種觸碰暗號，可以進行簡單的交流，雖然受一定的限制，但也算有用。我想知道他每天是怎麼打發時間的，朋友告訴我說他每天都要寫好多文章，都是那種基於自己的想法和想像的文章，稀奇古怪，天馬行空。我的朋友說道：

「他每天在花園的長椅上一坐就是幾小時，要麼就是由他的
妻子攙扶著在花園裡散步。他的嗅覺和觸覺已經變得異常敏
感。我敢肯定地說像他這樣飽受病痛折磨的人根本就快樂不
起來。」他拿出幾篇那個人的文章讓我看。文章的字跡大而
清楚，讓我滿懷興致地讀了起來。有些文章寫的是對童年的
回憶，所用的語言老舊，有點像聖經的表達方式。有些文章
充滿了遐想，描述的是透過嗅覺所感知的自然景物的模樣。
我仍記得他在文章中抱怨過冬季的無聊，主要是因為冬天的
氣味不像夏天那樣甜美而多變。不過從文章中能夠感覺得到
他的心情是平靜而滿足的，絲毫沒有牢騷滿腹或是聽天由命
的情緒流露出來。他能從一種氣味中辨別出其中包含的若干
種氣味成分，比如在溫暖的夏日，在他家的花園裡他就能從
嗅到的氣味中辨別出混合在其中的氣味。隨著鑑賞能力的提
高，他也越來越能感受到審美上的樂趣，而這種樂趣在他的
文章中多次被提到。有些文章類似於宗教性質的文章，文中
提到他時常感受到上帝就在身邊，每當此時心中就會充滿奇
妙的快感。

　　在讀過文章的第二天，我的朋友提議一起去拜訪一下那
個教友。我們從小巷中走出來，看到一處茅舍，位於果園正
中，四周鮮花盛開。一個男人正坐在長椅上，絲毫感覺不到
我們的到來。他的個子很高，身體強壯，留著小鬍子，古銅

色的皮膚，泛著健康的光澤。他的眼睛睜得大大的，像是在盯著某處看，讓我覺得他的眼睛是能看見東西的。他的雙手交疊在膝上，面露微笑。我看見他的雙唇輕微動了幾下，像是在自言自語。「我們先別去打擾他，」我的牧師朋友說道：「會嚇到他的。我們先去拜訪他的妻子吧。」於是我們走到茅舍前，敲了敲門。房門打開了，一位身材嬌小、有些上了年紀的女人走了出來。她的面容端莊，帶著一抹發自內心的笑容。房子雖小，卻收拾得很整潔。我的朋友向她介紹我說我對她丈夫的文章很感興趣，專程來拜訪他。她輕輕地笑了起來，表示她的丈夫會很歡迎我的到來的。我們沿著小路向他走去，在距離他還有幾尺遠的地方讓他察覺到了我們的存在。他轉過頭來，等著妻子向他介紹。他的妻子走到他的身邊，拉起他的手，用手指在他的手上輕輕敲打著暗號。他笑了笑，馬上拿起帽子向我們問好，隨後拿起身邊的小本子開始寫了起來，於是一次特殊的聊天開始了。他的妻子把他寫的字讀出來，再把我們說的話翻譯給他聽，讓我驚訝不已的是在他的談話中絲毫沒有提及自己的事。他問了我朋友一兩個問題，然後又追問我是誰。我走過去坐在他身旁，看到他在本子上寫著他很高興能結識新朋友，又問能否用他的方式認識我。他的妻子笑著解釋說：「他的意思是說能不能允許他把手放在你的臉上摸摸你，他擔心你會像別人那樣也介意。」

第二十章　被禁錮的靈魂

接著她又滿懷歉意地補充道：「如果你不願意也沒關係的。」我表示非常願意，於是他把手放在我的手臂上輕輕碰觸，動作輕柔得幾乎讓人感覺不到他的碰觸。他的指尖滑過我的外套、馬甲，摸著我的錶鏈摩挲了一小會兒，然後又輕撫過我的面頰和頭髮。整個動作持續了不到半分鐘，他的手指纖長而穩健，似乎帶著某種魔力。他寫道：「現在我看見他的長相了，請替我謝謝他。」我的牧師朋友對我說：「如果我們請他描述你的長相，他一定會很開心的。」他的妻子用手和他打著暗號，片刻之後他笑了起來，把對我的形容寫了下來，描述得簡直是惟妙惟肖。我們問了幾個關於他自身的問題，他回答「說」：「仰仗上帝的眷顧，我很健康，很快樂。」接著他又補充道：「也許你認為我終日無所事事一定很無聊吧，可事實上我有好多事要做，做也做不完。」「的確如此，」他的妻子一邊讀著他寫下來的話一邊微笑著說：「他無論做什麼事都像個孩子似的充滿好奇和興趣，而身邊所有的人又如此地善待他。」她讓她的丈夫為我們大聲朗讀，於是他便用獨特的嗓音為我們朗讀了幾小段《約伯記》。他的聲音高亢洪亮，卻又不斷在變化，讓人感到有些莫名其妙。讀到最後他問我們是否能聽清全部內容，在被告知我們聽得很清楚後，他露出孩子般甜蜜、坦然的笑容。我的朋友建議他和我們一起出去晃一圈，他欣然同意並表示能在村裡走上一圈才叫好呢。

他挽著我們兩個的手臂，走在我們兩個中間，因為知道我們無法與他交流，所以主動開口說話，很多內容是關於他認為我們經過的地方有什麼東西。我暗想，他應該是依靠嗅覺猜出來的，而且猜得出奇地準。我不得不承認有時我連聞到的氣味是什麼都分辨不出來，而他卻能以此為依據進行推測。我們就這樣走了大約半個鐘頭，一路傾聽著他的輕聲細語。有那麼兩三次，有人走過來打招呼，我的朋友便提示他，於是他伸出手來和人握手；而每一次握手過後他都能憑藉手的觸感認出和他握手的人是誰。「是普維斯先生吧？您今早陪我度過了一段美好的時光，對吧？牧師先生和他的朋友真是大好人，他們帶我出來散步，能在村子裡遇見朋友真讓人高興。」他似乎對周遭的一切都瞭若指掌，對不同的人能做出不同的反應。

　　與這樣一位人士散步於我而言真是一種奇特的經歷，他的肉體明明遭受了如此大的不幸，卻又如此的滿足而樂觀。在我們分別前，他在小本子上寫字告訴我說他正在忙著做一件事。他「說」：「我正著手寫一本書。當然，我知道我自己是永遠也讀不了它的，可是我想讓人們知道他們也可以像我一樣地生活，幸福地生活。我想告訴人們上帝賜予我無限的快樂，我現在比以往任何時候都要快樂，這是我的肺腑之言。我的生活平靜而快樂，享受著眾多的關愛，卻不能為別

第二十一章　閒情逸致

這是初春的一天，天氣晴朗，藍藍的天空中漂浮著幾朵白雲；風帶來涼意，太陽卻炙烤著大地。

我和一位朋友一起在西山谷住過幾天，房子不大，朋友叫它「隱士廬」。我們一起外出散步，走過小橋，駐足欣賞那清澈的小溪潺潺流過草甸，粼粼的水光映襯著綠草彷彿是綠絲絨上隨意擺放的一條寶石項鍊。我們穿過櫸樹林，在一叢一叢的報春花中穿行，最後爬上石南叢生的山頂，看到在古舊的土方工程中央，幾棵古松傲然挺立著。樹林就在腳下，遠處是平原，在遠處則是起伏的丘陵，寬闊的河水流經平原，一路奔騰著流向大海，可到了入海口河面又驟然變窄了。目光越過那密集的屋頂，掃過港口岸邊孤零零的教堂尖頂，便可看見大海的水光。

我們小坐了一會兒，誰也沒有開口。過了一會兒，我開口說道：「很抱歉，我有一肚子的問題要問你，想要找到滿意的答案。」

我的朋友溫和地答道：「我一直很樂意滿足你的好奇。」

我應該稱我的朋友為詩人，因為他具有與生俱來的詩人氣質，但據我所知他從未寫過一行詩歌。他身材高大魁梧，

溫文爾雅，喜歡沉思，在外人面前很靦腆，但私下又很健談，是幽默與憂鬱的混合體。他一直都是一個忙碌的人，事業有成，目光敏銳。可是他一生中最富詩意的壯舉竟是在他進入不惑之年後的某一天突然宣布他覺得自己工作做得夠多了，以後不會再繼續做了。他的宣告讓所有的朋友大跌眼鏡。他身邊的人沒人會說他的不是，他的親戚也不多，更沒有人靠他供養。他是一個有能力的人，平時喜歡各種休閒娛樂活動 —— 看書，聽音樂，做戶外運動，到鄉間散步，賞花等等，他從不擔心會沒有事做。

他的嘴裡叼了根稻草，慵懶地看著我。我對他說：「來吧，現在開始問答時間。我有理由相信你已四十出頭了吧？」

「對，四十多了。」

「你放棄了正式工作已有一年了，感覺如何？」我問他。「如何？」他答道：「感覺好極了，好到我再也不會重拾舊業，更讓人不可思議的是直到停止了工作我才真正明白『忙碌』為何意。以前我總是感到無聊，而現在時間卻總是不夠用。」「你的這種回答簡直糟糕透了，」我接著說道：「你對這麼多重要的事情都無動於衷，又怎麼能證明你的自身價值呢？」「聽我說，」他笑著伸出手指向樹林，此時從樹林裡正傳出鴿子咕咕的低鳴聲，他對我說：「那就是答案。那隻鴿子又如何來證明自身存在的價值呢？他的頭腦並不怎麼聰明。」

我說：「我也不知道該怎麼解釋這個問題，不過我敢肯定只要給我時間，我還是會找到一個答案的，晚些時候再說吧。先回答我這些問題然後再做結論。現在請認真聽著，你現在孤身一人，沒有伴侶，沒有家庭。這一點你又怎麼解釋呢？鴿子可沒有這種意識。」

「哈！」朋友說道：「我也時常這樣問自己。可是這些年來我一直也沒有時間去談段戀愛，如果我整日無所事事，那麼情況就大不一樣了。可既然我有自由去做選擇，總體來說我這樣做是明智的。我身無長處，普通至極，我找不到非要延續香火的理由。我自有一套生活理論，現在的世界與中世紀沒什麼區別，人們面臨的選擇只有一個：當兵或當僧侶。可是我並不好鬥，不喜紛爭，所以當不成士兵；我骨子裡流的就是僧侶的血。從物種遺傳角度來看，僧侶是個失敗者，因為僧侶無法延續後代，這樣的例子實在是太多了。」

「你像僧侶？」我笑問道：「怎麼可能呢？你可不像。如果說你想要的是一個體貼的妻子和幾個孩子倒還像真的。」

「好吧，我再多說兩句。」他的表情嚴肅起來。「在這個世上有種人天生的性格就是一條路走到底。他注定與某一個女人有緣，但需要經過尋尋覓覓找到她。還有另外一種我這樣的人，興趣廣泛，寄情於藝術、大自然還有朋友身上。老實說，我屬於情感過剩型的人。我交朋友時就像年輕的小夥

子，迅速而浪漫；我和形形色色的人交朋友，不分老少。我還熱愛書籍和音樂，最喜歡的則是這片神奇的土地以及這片土地上的萬物生靈。對於一般人來說，這些事物只能算是生活中的一種陪襯，生活重心還是在妻子、孩子及工作上。而我眼中的美好事物則是日升日落、溪水林木、古樸的房屋、和朋友推心置腹的聊天、詩情畫意以及對人生的思考。而我在工作的那段時間裡也同樣熱愛著我的工作。」

我問他：「你工作做得很順手嗎？」

他答道：「當然，工作業績非常好。我頭腦清醒，認真謹慎，而且有時還能從工作中找到樂趣。但這並不是我所追求的。我之所以放棄了工作並不是因為我厭倦了工作，而是因為我變得越來越依賴於它了。再不停下來，我就會變得離開了工作就什麼都做不成了。」

「可是你的理想怎麼辦？」我追問道：「你不想成為一個有用之人嗎？比如說透過你的努力為更多的人謀求更多的幸福？」

我的朋友笑了笑，對我說道：「我親愛的朋友，你知道自己的論調很老套嗎？我當然希望看到人們生活得更加幸福安康，我自己也是他們中的一分子，可是我該怎麼做呢？多數人對於幸福的理解就是讓人變得富有。他們想要錦衣玉食、功名利祿，想要成為教會執事、鎮會議員，甚至成為國會

議員。普通大眾的理想是傳統觀念灌輸的產物，再沒有比這
個更缺乏創意的了。我不盼望著所有人都發達富有，恰恰相
反，我希望人們少些財富的牽絆，生活變得再單純些。牧羊
人終日在外風吹日曬，忙忙碌碌，但卻能遍賞人間美景；小
店店主被困在櫃檯後面，整日被豬油和乳酪的氣味包圍著，
白天點頭哈腰迎來送往，晚上只能靠喝點烈酒來解悶。你覺
得哪種人活得更快樂些？當然，那些心態健康的人無論做什
麼都會感到快樂的。但是英國人一直以來都認為對財富的追
求是天經地義的，這是相當危險的想法，且毫無高尚可言。

　　如果我按照朋友們的話去做，整日醉心於工作，我會變
成什麼樣子呢？也許我能賺到好多錢，比預想的還要多，但
我的生活中除了工作就是工作，再無其他樂趣。我心裡很清
楚，也許別人會覺得我很懶散，不腳踏實地。假如我是先
知，我就能輕而易舉地去抨擊別人對生活指手畫腳，可惜我
不是。所以我只會沿著自己的生活軌跡來生活，盡己所能地
去找尋、熱愛一切美好的事物，這些都是上帝賜予我們的。
我自認為不是一個大善人，我所認識的慈善家當中很多人都
是令人感到乏味的傢伙，他們追逐私利，一心想要把一切都
據為己有。我覺得我本人是一個自立的人，我總覺得人的生
活道路應由自己來開拓。雖然在別人有難時，我還是會予以
援手，但我仍然堅信每個人都有自己的生活圈子，大小不盡

相同，但各自獨立，每個人都在各自的圈子裡怡然自得。倘若真能如此，那麼整個世界也就一下子變得沒有缺憾了。」

我說道：「聽到你至少肯承認世間是有缺憾存在的，真讓人高興。」

「哦，的確如此。」他接著說道：「於我而言，世間確實存有缺憾，但是我私底下認為彌補缺憾的工作應該是上帝的，還輪不到我。我知道現在世界正在逐漸發展、進步。在過去的這些歲月裡，我們先是制敵於死地，然後再幫助他們復甦。我們在此過程中逐漸看出端倪，看到了戰爭本身荒唐至極，但這一點對於我來說遠遠超出了我的能力範圍。我又不是哲學家！我認為我們應該做到的就是私底下保持著耐心，做個善良勇敢的人，這就足夠了。和你講個真實的例子吧。我有一個牧師朋友，心地善良、工作認真，是個有膽有識且和藹可親的傢伙。他在一個離這兒不遠的小鎮上做教區牧師。他熱愛自己的工作，並且做得得心應手。他在教區裡深受年輕人的歡迎，他為上百個大大小小的機構服務。他還稱不上是位傳教士，但是從他身上總是能散發出一種魅力，讓人能感受到他的慷慨、誠懇和愉悅。因此，人們不會錯過這麼好的一個牧師，他們讓他當上了主教。所有的朋友都勸他一定要接任這個職位。這個可憐的傢伙寫信告訴我他其實並不太想要這個職位，但是他不敢拒絕盛情。我回信對他說

了我的想法：我認為他所從事的是一項平凡而嚴肅的工作，建議他最好能持之以恆。可結果卻是他沒能做到。最後他怎麼樣了呢？他每天煩躁得要死：他得到了一處大房子，要做一大堆的家務；他每天要四處拜訪走動；他開放教堂，為信徒施堅信禮；他做一場又一場的布道演說，卻很難打動人心。他所有的時間都在處理教區紛雜的瑣事過程中被一點一點地消耗掉。我並不否認他的影響力，可是他的個人價值主要是體現在他對鄰里和朋友的關愛上，而非這些行政雜事上。他不是一個頭腦靈光的人，既沒有提出過什麼有建設性的意見，也提出不了什麼有見地的主張，他就是一個平凡的小牧師。我覺得他擔任主教一職就是一個天大的錯誤，他還不如改行算了。他這麼做的初衷聽起來很高尚，其實其出發點本身就是一個錯誤。本來能成為一名出色的火車司爐工的人，現在卻成了一等車廂裡的貴賓。」

「好吧，」我說道：「我承認你說的有幾分道理。可是如果真的遇到這類機遇，直接順應天意不是來得更簡單嗎？這麼做不也是上帝的安排嗎？」

「所有人皆是如此！」我的朋友接著說道：「我不否認這的確是個難題。不過一個人就應該直視自己的內心，遇到問題就應該有勇氣坦然面對。他得萬分肯定他所遇到的機遇是上帝的召喚，並非世俗的誘惑。也許前者的可能性更大些。

可是我覺得剛才我提到的那個牧師朋友的事應該屬於後者。他生來就是個當牧師的料。總而言之，我的觀點就是上帝絕對不是為了讓我們能為他人如何才讓我們來到世上走一遭的。假如某個人真的有所作為，那麼他必然會造福於他人的。我從不認為出席社交集會或是寫些沒有營養的文字就叫做生活。社交集會並不是必不可少的，只不過是某些碌碌無為的人用來打發時間的方式罷了。人家想要自娛自樂本是無可厚非，但應該進行得低調些，如果弄得勞神勞力、大張旗鼓的就不應該了。唯一不容置疑的就是，只要是人就離不開工作、吃飯、睡覺以及死亡。我所推崇的是人們能夠投入地工作、盡情地吃喝並充分地休息，希望人們能心神愉快地享受休閒時光。我用二十年的時間完成了一個正常人一生需要完成的工作，接下來的時間我將遵從上帝的意旨用來休閒。我不喜歡獨自偷歡，而是和友人一起，一邊享受美食一邊欣賞世間美景。」我的朋友友善地望著我，給了我一個大大的迷人的笑容。

「有道理，」我對他說，「你解釋得很清楚，真是聽君一席話，勝讀十年書啊。對於任何事情你都有自己的想法，真的很了不起。」

「嗯，」他答道：「當一個人沒有十分的把握時願意去請教別人而非對別人指手畫腳，這樣的做法就很值得稱讚。人

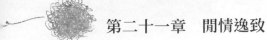

們常犯的一個錯誤就是總是忘記自己還是一個學習者，總想著坐在老師的位置上對別人拍著桌子、吹鬍子瞪眼。」

後來我們又聊了些別的，又靜坐了一會兒，一直待到日影偏西，倦鳥回了巢。樹木在夕陽的餘暉中搖曳，海水則被夕陽染成了紅色，那太陽留下最後一抹金光後便隱沒在海平面下，再不見蹤影。

第二十二章　工作的快樂

我今天決心要做一件很神聖的事情 —— 我要去闡釋幾個尋常的道理，並證明它們是正確的。當一個人心悅誠服地認同某一觀點時，那便是一個非常神聖的時刻。所謂的尋常道理其實就是人們在成長過程中產生的感悟。在實踐中悟出某一真理就意味著這個人在人生中又上了一個臺階。

首要的道理就是我們多數人所從事的都是我們自己所喜愛的事情，由此推斷出我們大多都是喜歡我們所從事的事情的。

當然，前提得是我們默認為大家都必須要去做點什麼事情。於我而言，似乎大家都能在工作中或多或少找到些樂趣，甚至還會以某種方式為之竊喜一下。一點都不為自己的工作成果感到驕傲的人還真是不多見。別人可能並不認同我們所從事的工作，即便是那些從事著極易遭受蜚短流長的工作的人，也不可避免地喜歡讚美，厭惡批評。某一天，我就恰巧經歷了一次這樣的事。在一座我常去的教堂裡，負責彈奏管風琴的是一位名不見經傳的小琴師。他已年過花甲，幾乎沒有一個音能彈得準。他也會嘗試著去踩踏板，但基本屬於徒勞的動作。近來幾日，他拙劣的演奏技術已激起了很大

123

的民憤。起因是教堂內添置了一臺新的管風琴，音量比原來那臺要大上許多。而那位彈琴的老人依舊不知所以然地彈奏著。當地居民被逼得想要聯名上書，請求牧師開除這位老琴師。我最後一次去那間教堂做禮拜時，忽然發現有一段讚美詩唱的特別的動聽，它使躁動的靈魂得到了安撫，讓人感到好像它正在向虔誠的信徒傳遞著某種訊息。歌中唱道：「我衷心地希望他人不要戰勝我，因為當我失足跌倒時，他們會在一旁幸災樂禍，即便是我的死敵也不行。」在演奏過程中，這位鬱鬱寡歡的琴師突然插了一段凡丹戈舞曲。我無奈地望向教堂管事，發現他的嘴角抽動了幾下。

　　當天下午，我在散步時偶遇那位琴師。我好言安慰他說新的樂器都不太順手。他面無表情地看了我一眼，然後對我說也許有的人彈奏新琴時會感到不太適應，但是於他而言根本沒什麼差別。他接著告訴我有哪些知名音樂家曾稱讚過他。但在我看來，要麼就是他記差了，要麼就是人家只是在禮貌性地恭維，甚至也有可能就是明褒暗諷。我足足聽了五分鐘，然後發現他已經自負到不可救藥的地步了，因為他堅信彈琴就是他的畢生事業。

　　我記得在我擔任校長時，我的一個同事可以被稱作是散漫和聒噪的代表。一次我與他無意中聊起想要遵規守紀有多難，覺得他可能會向我這樣善解人意的朋友大吐苦水。結果

他對此事的看法竟使我大跌眼鏡：他認為雖然別人也遭遇到與他類似的困擾，但是他要比別人更會處理這類的問題。

我覺得自己的判斷標準應用性極強：如果一個人能看透那種被視為一無是處的人的心思，那麼我們就會發現那些人對自己的才能、辦事效率等都是很自負的，無一例外。我遇過的人當中確有個別人對自己的工作成果不甚滿意，但他們卻往往是那些能夠出色完成工作任務的人。他們在工作方面自我要求極高，稍有差池就會自責不已。若是再嚴重點，他們即便能坦誠地面對自己對自己的不滿，這種不滿情緒也極易轉化成深深的自我厭惡。

但在我的一生中只有一次是例外：我遇見一個人，他能出色地完成自己的工作，卻不帶絲毫的驕傲與自滿。能做到這個地步的人一定具有極強的毅力和自制力。

我並不是說如果某個有工作的人某一天突然獲得一筆意外橫財，他對工作的熱愛能支持他繼續做下去。多數人都不相信自己有能力去過一種快樂、高雅的休閒生活。同時又有很多人渴望過那種紳士生活。所謂的紳士生活就是指那種沒有專職工作的人過的生活。

儘管如此，我們多數人還是熱愛自己的工作的。人們擁有某種天賦，並逐漸將它發揮運用，雖說距離完美還相差甚遠，但卻構成了快樂的泉源。總體而言，我們在擇業時，主

要依靠的就是我們感覺自己比較擅長這個行業或是對該職業
具有濃厚的興趣。

　　我們一直在受一種快樂幸福的錯覺所誤導。我們逐漸愛
上自己的職業，並且覺得自己的做法非常正確。一位傳道者
曾經說過，我們不該自欺欺人地認為自己比他人更加富有、
更加漂亮，更加勇敢，更加出類拔萃。可是沒有幾個人不私
下裡認為一旦這些優點被別人發現了，我們就能變得更加具
有吸引力。

　　先將手邊的工作放一放，重新回歸到普通的社會生活中
去，此刻我堅信世上會有那麼多人不善言語的唯一原因就是
有一種理念在人群中廣為流傳：他們相信自己有能力對自己
所處的場合產生興趣，並從中獲得快樂。人們應該牢記這一
點，每逢那些口若懸河的人在大放厥詞的時候，應該做到
洗耳恭聽。我曾有過一次糟糕至極的經歷：一天晚上，我與
一位老人聊天，他一直碎碎唸個不停，這讓我如坐針氈。於
是我就想說點恭維的話，卻又發現實在是沒什麼可值得誇讚
的，只好誇讚他非常和藹可親。過後我為自己的言不由衷而
懊惱不已。因為從此以後，我接連不斷地受到那位老人的邀
請。美國人習慣把那位老人叫作「被拍馬屁的人」。不僅如
此，每當我和他閒聊時，他都會刻意地東拉西扯以此來延長
談話時間。從那以後，我總是對聖詹姆斯報以深切的同情，

因為他曾繪聲繪色地描述過舌頭的可怕威力。通常來講，喋喋不休的人並不就是指那些自私自利、乏味無趣的人。他總是專注地致力於一件事情，並且樂在其中。所以說這種人是最難被改變的，因為他是非常明瞭真善美的。

總體來說我們不應去打擾他們，除非我們有把握能改變他們。去打擾愛嘮叨的老好人的幸福生活是一項艱巨的任務。無論在工作中還是在生活中，鼓勵我們的朋友相信自己也許是更好的辦法，當然前提是他們的所作所為是無害的。因為的確存在一些愛嘮叨的人，他們的行為不僅不是無害的，而且還是極具殺傷力的。有些愛念叨的人一旦對某件事情表示出一絲熱情，無論什麼事情，都會令人望而卻步。這樣的人應盡可能地減少人際交往，應該像傳染病患者那樣被隔離開來。當然這樣的人屬於個例。一般來說，一個人總是透過不懈的努力去獲得認可與稱讚，以此來讓自己更加快樂，即便是享受努力的過程而非結果也沒什麼大不了。這樣做還有一個好處，那就是它可以使人變成一個受歡迎的人。

第二十三章　修道院

　　我和我的夥伴互相追逐在延伸至遠方的茂盛沼澤上，清新的風吹動，使人歡愉。陽光穿過金色的霧，投射在一望無際的牧場上，顯得暗淡而寧和。平原景色固然唯美，然而在我眼中，還有些更為美麗的東西，那便是這美景所給予我們的豁然與安寧。遠方成排的樹木，更遠方佇立的教堂塔樓，無限延伸的堤壩，果園中若隱若現的村莊，正是這天空之遼闊與田野之靜謐下，讓人寄身在修道院的豁然及簡寧中，享受安靜的田園生活。

　　宗教場所的遺跡現已是一座農場，位於一個小緩坡上，這裡原是沼澤上的一座小島，我們很快便走到了。原教堂前兩個高高的圓柱子如今成了門柱，而農舍則位於離主路較遠的一片古老的大牧場中間，周圍有許多糧倉和外屋，還有胡桃樹。牧場上有許多坑窪地，如今則被更加嫩綠而茂密的草覆蓋著。農舍本身是一座格魯吉亞風格的造型不規則的建築，橘紅色灰泥築成，表面粗糙。花園中散布著枝條恣意伸展的珍貴的黃楊樹。在一處處大棚中間，其鱗次櫛比的瓦片屋頂格外醒目。我們遇到了一位和善而健談的老工人，他帶著我們在果園裡走了一圈，走過陳腐破敗的滿是壁龕的石

牆，越過一排已經乾涸的養魚池塘；昔日的修道院餐廳如今變成了大糧倉，裡面堆著高高的穀物和稻草；我們走過豬圈，豬群自在地在泥土裡翻滾；我們趴在籬笆上，望著一頭豬皺著臉，發出刺耳的咕嚕聲，好像在為久等不到的食物表示不滿。嚮導又帶我們來到了房子那裡，曾經的教堂耳堂如今改成了釀酒坊，依稀可見一排臺階，向上延伸通往石牆上的一道門，裡面曾是寢屋。曾經每夜，睡眼惺忪的修女們都瑟瑟發抖地走下臺階，來到寒冷的教堂裡做禱告。教堂的中廳裡佇立著許多諾曼風格的拱門，那裡曾是門廊。

整個場景有著繁忙而宜人的父系社會氣氛，無論是靜謐的富饒還是高高堆起的糧草和飽食的家畜，都帶著一股尊嚴，毫無做作之嫌。雖然這裡沒有刻意的美化雕飾，卻充滿了合宜而平凡的魅力。帶著我們四處遊覽的老朋友，滔滔不絕地介紹著當地舊習，零零總總。他見我們這些陌生人對這裡如此感興趣，語氣中透露出些許的驕傲，臉上寫滿了即便每日裡風吹日曬卻依然滿足的神情，這是常年處於室外進行簡單勞作的結果。他的綁腿上滿是補丁，一塊帆布用繩子圍在腰間充做圍裙，讓人感到同樣的簡單與得體。我們閒適地四處走動，看到了好多美景：一棵棵老榛子樹環繞著果園，被老嚮導稱為「鐵血戰士」的花朵伏在破敗的牆頭；鴿群在空中改變飛行方向，留下響亮的振翅聲。最後，老嚮導讓我

們自己在四處隨便轉轉，而我們則沐浴著陽光，慵懶地坐破舊的安裝架上，自在地遙望著眼前的景色。

　　我們本打算描繪一下建成這處庭院的僧侶的生活，也曾猜想這一定是某種更加安寧的幸福。我們曾試圖想像古典的建築群，古老的教堂、迴廊、糧倉、外屋。冬天一到，我們的教友們肯定要忍受嚴冬之苦。晨時禮拜和睡前禱告成了白天和黑夜的分割點，生活單調，時間總是一晃而過，好像所有人的生命都與單調簽訂了一個契約。本篤會的僧侶們並不崇尚苦行，他們信奉在露天之下從事人力勞作。最初的耕作很可能也是由僧侶們自己承擔，直到他們漸漸富裕起來，才開始雇傭勞工，而自己則回到更加簡單容易的打理花園的工作當中去。也許他們之中有少數是真正的虔誠之人，醉心於禱告和設立美好的願景，心中猶如有團火在熊熊燃燒，然而大多數人還是比較安靜的，喜歡聊一聊晉升的機會，談談土地和農作物，還有路過這裡的旅人和教徒，並以此為樂。除了教會中的管窖人因為工作需要，必須騎馬到市集上，大多數人終其一生都沒有離開過教堂周圍，最後埋骨在教堂西面的小小墓地裡。我們曾以為這裡的生活和這座教堂曾像今天這樣多姿多彩，然而我們錯了。教堂相較其他建築破敗得更為嚴重，餐廳肯定是建成還沒有多久就經歷了天主教被解散事件。然而，這處由瓦管道排水的建築以及它粗糙的石牆，

必然曾經彌漫著古怪而不同尋常的氛圍。

　　或許這裡曾經是一個由舒適宜人的社會。固定的作息，管理人們行為的規範，必然使得住在此處的人健康而幽默。當然也少不了閒聊雜談，肯定有一個並不討人喜歡、生性妒忌、老謀深算的教友，在這樣親密的小社會裡挑起無數爭端。有人大膽地猜想，這裡的生活或許跟大學生活很相似，可他大錯特錯了，大學是自由的，有些許規則維持秩序足矣。而修道院則意味著禁錮，只留些許自由讓人們不至於太痛苦。

　　不過這一切都過去了！修道院原是為心靜之人與外面嘈雜世界隔絕而築起的壁壘，然而如今已不再需要了。僧人的使命已經完成。我們坐在院落裡，老僧人們的骸骨已經在這裡腐爛，然而這些年來我一直對他們有著深深的感情。每每想到他們忙碌的身影，強健的體格，開心的精氣神，從籬笆裡遙望清澈的湖泊和生滿葦叢的河床，在這熟悉的景色中漸漸變老，從寢屋搬去養老院，再由養老院移身墓地，我一方面為他們歡喜，另一方面又為他們惋惜。他們也曾像我一樣，驚喜於春天的到來，陶醉於春風的和煦，欣賞著果園裡嬌嫩的花朵漸漸長高又繼而凋謝。我們也有過相同遐想，我們曾驚嘆於春日暖陽下那份難能可貴的寧靜，這些念想一定也曾闖入老僧人們的腦海。也許，他們與身為後人的我是心有靈犀的。

儘管緩慢的變換消解了曾經的忙碌，最終成就了眼前這座寧靜的農場，但這裡依舊蘊含著希望。教堂慢慢衰敗，逐漸淪為廢墟，只剩下斷壁殘垣，那場景一定非常令人感傷，然而傷痛癒合的能力卻是驚人的！大自然面對人類的躁動不安一笑了之，開始用自己的和諧之力裝飾遺跡，讓這一切更加美麗，在破敗不堪的祭壇和搖搖欲墜的高牆上耐心地書寫著美的詩篇，用新鮮的生命力去填補裂痕，溫柔地把破碎的片段擁入自己的胸懷。我們為何不能學習大自然去拒絕憂傷和苦悶，集起所有遺留之物，安心明智地靜待新的轉變呢？

　　就這樣，我一邊慢慢地思考著，一邊說服著自己，直到犁地的馬兒達達地跑來，勞工們拖著疲憊的身軀返回自己幸福的小窩，太陽在燦爛的橘色光輝中消失在地平線。

第二十四章　華茲華斯

　　我曾記得小時候來過瑞德山，一定是在某種夢境中，我乖乖地被帶到了那裡。然而，對於那裡最遙遠的記憶早已不在，只記得一小段石頭砌成的階梯，那是讓我留下最深印象的事物，感覺它在某些方面吸引著我。我猜想，也許因為我曾讀過太多關於那裡的描述；不過最近當我又拜訪此地時，我才發覺這裡與我的想像完全不同。我一定要提及一下目前居住在此的佃農給予我們的熱情，他們屬於那個神聖的王朝，我由衷地欣賞他們展示出的考究禮節，即便已重複了一百次，他們也會用同樣的熱情，興致勃勃地帶我們遊覽此地，就好像我們是第一批來到這裡的朝聖者。

　　我們落腳的第一個地方，其整體的簡寧氣息讓我備受震撼。這裡就好似一處小小的田莊或是農場，這裡的房屋矮小，有一股居家氛圍，最適合一大家族的人親密無間地生活在一起。從大門看去，幾乎看不到房子。從一個樹林陰翳的斜坡巷子裡穿過去，是一片鋪滿碎石的區域，它通往小房子的側面。房子的選址非常具有藝術眼光：前面的路非常陡，從那裡可以望見一個大峽谷，最盡頭是溫德米爾湖，碧藍的一片，就嵌在樹木蔥鬱、黝黑一片的山脈間。房子後面的地

面陡直上升，一直連接到怪石嶙峋、雜草叢生的大裂縫，道路通往山間的一條綠色峽谷，一個無比幽靜之處。

在這個溫暖而陰翳的山間隱匿處，在向陽的一面，植被像熱帶植物一樣繁茂生長著，所以這裡並不同於典型的英國風光。月桂樹和杜鵑花生在濃密的灌木叢間，枝繁葉茂，繁花盛開。房子下面還有一片小果園，那裡花香四溢，還能聞到陽光曬在小徑及樹籬上的味道。小梯田隨處可見，石牆壘砌在陡坡兩邊，景天茂盛地生長著。其中一個小梯田的下方有一個茅草頂棚的涼亭，那是詩人經常歇腳的地方，下面又是陡峭的岩石、雜叢和蕨葉，眺望下面的樹冠，隱約可見掩映下的瑞德湖水。

英國詩人華茲華斯（William Wordsworth, 1770-1850）在這裡居住了三十餘年，距他離世已經過去了半個世紀。他曾是一位嫻熟的園藝師，而且我相信在他生前建這些小路，布置整個院子時，營造出來的氛圍一定具有某種新鮮感，與古老野生的靜謐山坡形成鮮明對比，使得這裡如今都依舊存留著這種遺世獨立之感，靜謐而井然有序，好似要永遠這樣保持下去。有一個細節值得我們注意：貼近房子的下方，有一個又圓又矮的土堆，上面長滿雜草，看起來有些古怪，傳說這裡曾是村中召開會議的場所，可以追溯到父系原始社會時期，該地也因此得名。

我腦中一直思考著這位高貴、簡樸、固執己見的詩人，他給人一種生來老道的感覺，好似未曾年輕過；我在屋子和梯田裡漫步時，腦中不斷回想著米爾頓（John Milton, 1608-1674）的詩詞：

「他現身山林／駐足此樹下／松樹間傳來他的聲音／他向泉水不斷地訴說。」

此地瀰漫了他所有的遐思，他對自然之美深邃而寧靜的敬畏，以及他對這片熱土的喜愛之情。

竊以為對華茲華斯的記憶不會喚起人們深沉的依戀。我不確定過去的人是否會懷念他，除非有一段關於他們的引人懷念的哀婉詩詞，除非對他存有一絲同情，想要給予安慰，並對他敬畏有加。我經常待在雪萊居住過的房屋裡，他曾在那裡度過狂喜與苦痛參半的日子。如果靜靜沉思，努力重塑他生活的畫面，誰人都能感覺到他經受了太多不必要的磨難，誰人都想盡可能庇護他，或是至少對這個傷心至極的靈魂給予同情。人們可以理解很多年前受苦的人們，他們因意識到生命的短暫與衰敗而倍感苦痛，而其對土地、生命、以及美的熱愛將永遠被這份苦痛所掩蓋。

而華茲華斯並沒有被這種悲悵之情觸動。他有著非常豐盛及平靜的內心，可以毫不誇張的說，他可以依靠自己完全

獨立於世。即使是他必須承受的苦痛和傷逝都被他輕易而成熟地化解。他清楚地知道自己想要什麼，並如願以償。他憑藉著自己強壯有力的雙腿帶著他走過無數美好的路程。他有足夠的錢財使自己過自己想要的生活。他選擇了最心儀的住所，名氣漸漸穩固，成為了名士，受到了世人無比的尊敬。他從沒表示出希望被同情，他像那些自耕農一樣，強壯並自給自足，而實際上他本人就是一名自耕農。正如耕作是農民的職業一樣，寫詩就是他的職業，他把寫詩作為畢生追求的事業，傾注心血，這與農民對待耕作的態度如出一轍。

　　華茲華斯全身都由一股強大而純粹的驕傲武裝，強大到浮華無法侵蝕，純粹到自負無以滋生。他是文學史上為數不多的極其幸運者之一，大多具有藝術性情的人必將受過度敏感和優柔寡斷的折磨，而他則全部倖免。他從未對生命的價值有過任何疑慮，他書寫生命完全處於熱愛，他飽食歡飲，他漫步暢談，每每都非常享受。他的夢想從未曾落空，他的熱情。面對世界的神祕，他心懷由衷的敬畏，但是他沒有不安的疑慮，沒有困惑，沒有無果的憂鬱。

　　對於所有的同伴，他都抱有同樣的尊敬，並沒有顯示出對誰的偏愛，他從不怕別人說他荒謬或浮誇。他最愛的讀物就是自己創作的詩歌，他想讓所有人都喜歡他的作品，因為他深諳其至高無上的地位。他誤以為是自己對詩歌和美的感

知，使得他純粹而寧靜。而事實上，正是他性情中的純粹和寧靜使得他享受了這麼多。他的生活平淡無奇，他並不是從磕磕絆絆中學來了寧靜和淡漠的態度，這些性情是他與生俱來的。

　　然而，這是多麼美好、純粹、高貴、溫和的生命啊！走在他曾住過的山水間，低吟著他寫下的沉靜詩篇，沉浸在這份冷靜與平和之中，在那些不愛言語、不喜外出的夥伴身上尋找相同的嚴肅性情，每逢想起他，不禁讓人心情難以平復。不過，我們還是想把他視為一位父親或是神父，而非兄長或是朋友。他是領袖和嚮導，並不是我們的夥伴。我們必須清楚，雖然他也許可以把我們的心引向正確的方向，我們並不能透過認同他的認知，得到那份純粹的平和與莊重的寧靜，除非我們的靈魂也同樣地沉靜。在某種心境下，他平靜而熱烈的人生並不能支持和鼓勵我們，只會為我們帶來無法言喻的嫉妒。然而，當我們在他樸實無華的房間裡閒坐，在他的小梯田間踱步時，腦海中確實會產生一直所嚮往的平靜，對所有骯髒卑鄙行徑感到不屑，對所有俗世企圖及野心感到憎惡。

　　唉！在丘陵上、林木掩映的小徑間，唯一的聲響就是山下的道路上傳來的來往車輛 —— 汽車、馬車、公共汽車 —— 的乏味聲音。這是他偉大之處的縮影。可憐的是，天

才如他，留下的影響之一竟然是人們開始紛紛效仿他的隱退之舉。清澈的湖泊邊、崎嶇的山腳下蓋起一排排別墅，在仿製的絕壁旁邊長著滿是柔毛的白蠟樹。嘰嘰喳喳、空洞冷漠的旅者從道路上經過，吃過飯就離開，一撥又一撥。魚龍混雜的俗人的入侵對於這個神聖的地方而言是一種褻瀆。有人不禁絕望地期盼著能有一位代表孤寂之美的精靈出現，來勸告一下這些凡夫俗子。不過我們又從中能得到何種慰藉呢？如果我們的詩人預見了這一幕，他會怎麼想呢？

　　我從山路上走下來，穿過山谷中的主路，路上布滿了塵土，車輛轟隆隆地駛過，擠滿了抽著雪茄讀著報紙的男人、疲憊不堪的女人，以及孩子們。那些孩子的唯一心願就是能從岩縫和隱祕樹叢裡多採摘些蕨類和花朵。我爬上了大裂縫對面的一個小山坡，綠色一直蔓延到山頂，山腳長滿了樹木，堅韌的樹木深深紮根於灰色的懸崖上，在我眼前構成一幅壯麗的美景。我穿過長滿光亮的蕨類植被的小路，激起一團團飛蟲，牠們振翅將我包圍。我走過寂靜而隱祕的地方，幾眼泉水正是從這些高沼地中浸潤而出，我邊走邊思索著讓人迷惑的大自然之道。這位偉大詩人的生命和理想融入在高山未按的格圖中，是多麼地令人敬畏。然而這些換來了什麼？愚蠢的陌生人哼著小曲走在他神聖的隱居之處，商業開發將這裡玷汙。這一切導致了徒勞而無望的悲哀。

儘管如此，山脈依舊寧靜，夕陽西下，在金色煙霧環繞的至美光輝下，沉入影像模糊的山脊。山谷在腳下延展，起伏的森林，黑暗的溝壑。此時我心中，一份從未有過的嚮往油然而生，就在橘色的夕陽漸漸褪去、高高的山巒繼續佇立堅守之際，我嚮往這背後寧靜的祕密。那裡究竟在發生什麼，是怎樣莊嚴的盛會，怎樣甜美的神祕，我只能盡力去凝視與領會這一切。可我一無所知！我只知道如果我能領會和表述，世界將靜待我講出來；它的渺小；它的卑微，會在這威嚴的日光下散去；上帝的安寧之氣將悄然迅速地傳至遠方。

第二十五章　多塞特郡

　　我現在開始了另一段旅程，這週跟我最好的老朋友一起來到了多爾切斯特。我們興趣相投。跟他在一起，我可以一言不發，也可以談天說地，無論腦中的想法多麼異想天開都可以說給他聽。世間比這更美妙的事少之又少，我心懷感恩地記下這些寶貴的時光。

　　我的印象中，多塞特郡是一個古老的地方。寬闊的丘陵地帶好似高聳岩石的山基，經過長年風雨洗禮，岩石已變得平整光滑，線條柔美圓潤，一點點被帶到山下的沖積平原上。在茂盛的草原上，清澈的溪流和小河交錯縱橫，在這水草繁盛的季節，河床裡的水漲得滿滿的，牛安靜地在這飲著水。丘陵上，人們犁地播種，丘陵一路延綿至天際。這裡隨處可見大片石南和松樹。這裡同樣有一股古老的人文氣息，這裡曾是古人征戰的沙場，大型營地、土方工程、壁壘、溝壕隨處可見，都是英國人和羅馬人的傑作。可以望到海邊的荒原上布滿了古塚，每一個墓塚下面都埋葬著某位被遺忘的酋長，早已腐爛的屍骨安息在墓下，有幾百年之久，曾經接受過某個原始部族的哀悼。有一天，我來到一片長滿金雀花的海岬，站在最高處，用靈魂探求埋於地下的古代戰士——

「你聽到在這下面有什麼嗎？」但是空氣中並沒有傳來答案。然而一天夜裡，我夢見一個野蠻人，他長著紅色的鬍子，穿著獸皮做成的衣服，綁著原始的綁腿，頭上戴著用狐狸毛做的帽子，手中拿著鐵制尖頭的長杖，神情痛苦而一言不發地望著我。誰能確定這人是不是他呢？

之後我們又來到了很多破敗不堪的古老據點，那裡有高大的石牆，好似散落的山隘巨石，佇立在綠色的山岡上，處於高峻山丘之間。經過一座座村莊，可見許多殘破的修道院以及尖頂的教堂塔樓。而在一座座小村莊裡，穀倉和牛棚中間佇立著古怪的石頭砌成的房屋，有高石牆和很多豎框。其中一個我最喜歡的地方是瑟恩阿伯斯。通往那裡的小路蜿蜒在陡峭的山丘間，漲滿水的溪流在平坦的草場上流淌。村莊有一種被人遺忘、處於沉思中的氣息，很多房屋已經成了廢墟。在臨近大道的地方建著一座教堂塔樓，其設計大氣而優美，塔頂是哥德式的尖尖的設計，塔頂是由橘色石塊雕刻而成，就連被風化的斑駁處也有著微妙的美感。走到村莊的盡頭，我們看到了一個大農場，建在教堂遺址之外，其中一個穀倉上還嵌著一個精美的凸窗。在長滿迎春花的叢林中，佇立著一個有豎框窗子的精緻而古老的門房。很多年來，我的腦海裡都一直模模糊糊地記著這個地方，所以現在來到這裡，就好像見到了老朋友一樣。在地勢較高的牧場上，可以

看到修道院花園裡的古老臺階和土堆，那裡曾是本篤會的僧侶們日日勞作的地方。而且，在山丘側面，有一塊古怪而古老的紀念人像。那是一個野蠻而殘忍的裸體人形象，有六十碼長，似乎在向北奔跑，手裡揮舞著一根滿是節疤的大木棍。人像深深地刻在上面，在雜草中時隱時現。沒人能猜到這人像有多古老，但至少已經經過了三千年的歲月。有人說它記錄了山谷裡的一個怪物般的巨人之死。心地善良的僧人們使他皈依基督教，並給他取名為奧古斯汀。然而，這其實應該是指凱撒口中所說的一個令人害怕的人物。俘虜們被纏繞在一起的柳條綁著，為了德魯伊教的祭祀活動，全被燒死了。這是多麼荒誕、惡毒而可怕。那裡的石頭似乎都浸透著一種恐怖、殘忍和死亡的氣息。據說就在最近，村民們還在那裡舉行了邪惡而殘忍的傳統活動，他們只是名義上的基督教徒。然而，今天這裡非常平靜，雲投下的影子從上面掠過，風吹過草叢傳來沙沙聲，這裡一片寧靜，只能聽到啾啾的鳥鳴聲，山丘上咩咩的羊叫聲，以及山下由茅屋構成的村落裡公雞的啼鳴聲。

展現在這裡的真是一段神奇的歷史、記憶和傳統啊，古老、悲傷且年代久遠！恐懼無助、頭腦愚鈍的生命被綁著躺在這裡，想一想這種可怕的垂死掙扎多麼令人難受。煙霧從他們身上飄過，火舌一步步逼近，勝券在握的仇敵們大笑

著，圍在他們周圍歡呼雀躍著，牧師們繼續著醜惡儀式的最後一個環節。而發生這一切的同時，上帝就在那寂靜的天堂看著這樣的日子一天天緩慢度過，設立他神祕的目標！不過，今天在寂靜山谷中探索之後發現，那裡其實已經完全沒有折磨或痛苦的記憶了。

我們爬上山丘，這時腳下的世界就好像一塊地圖，上面有田野、樹林、村莊、教堂塔樓，還有茂盛的平原展至天際，直到慢慢在迷霧中消失不見。這樣看來，一個人的生命、某人自己的想法、廣闊山嶺上一個微小的原子的運動軌跡顯得多麼的渺小而無足輕重啊！而在這個世上我真正能確定的事，只有躁動不安的自我了。

那時，我的靈魂突然發生了一絲顫動，這並不常見，但我還是感受到了。深埋的希望，身邊掩藏著一個祕密的感覺，要是誰能抓住就好了。還有一種將自己完全交給上帝的安心，而且相信身後有著廣闊的現實，只是被擋在恐懼、雄心、欲望的陰影下而已。同時，頭腦裡又湧現出一些想法，我想所有渺小的人們都在下面的平原上忙著各自的事情，不僅如此，所有的動物、樹木、花朵、每一根草、每一塊卵石，它們在這個偉大而可怕的神祕世界中都有各自的位置。然後，我又感受到了上帝那溫柔的父性所創造出的，包括我們在內的所有事物之間的友好。這種感覺無法言喻，但它是

第二十五章　多塞特郡

比思想或是靈魂還要深埋在我心裡的一閃靈光，這是來自心境的資訊，讓人等待、漫遊、歇腳、安定。

第二十六章　波特蘭

　　我會在最後一張速寫旁邊再加一張小速寫，以供對比。我覺得很難在幾天的時間內，看到有這樣微小而又重要區別的兩個場景。在希爾奈，我已經領略了鄉村的孤寂，山谷的寂靜，牧草地中長長的淺條線，空間與靜止，以及山谷間隱於叢林中的村莊。今天，沿著一條塵土飛揚的道路一直向南走，起初看到的都是寂靜的古代遺跡，比如在梅登堡的雜草叢生的寬闊營地，現在已經成了牧場，但周圍依然樹立著大規模的防禦圍牆和溝壕，它深深陷進白堊岩石地中，已被遺棄了一千多年。面向大海的山丘上，星星點點的都是土墳，那裡寂靜無聲，唯有微風拂過。我們登上山頂的那一刻，眼前的景物驟然一變：透過迷霧，我們看到韋茅斯港口的屋頂星羅棋布，數不清的煙囪裡冒出的煙向西飄去；海港由細細的防波堤保護著，很多裝甲艦浮在水面上，黑漆漆的，看起來危險而巨大。越過這些，是波特蘭島的前端，黑漆漆的看不清楚。漸漸的，道路旁的房屋也開始清晰起來 —— 那些是由磚石築成的、裝飾華麗的弓形窗別墅。然後，我們來到了大道上，可以完整地看到古蹟：有著寬大窗戶的磚石圓潤的宅邸。當時誠實的喬治三世國王在這裡度過了簡短的夏

天，為這個地方注入生機，讓這個安靜的海港一時成為了新時尚。當時國王居住的屋子，也就是格洛斯特房子，現在已經成為了旅館的一部分，房子大廳裡帶有大壁柱的窗戶隱隱為這裡帶來一種宮廷氣息。我們很快又來到碼頭，看到帶著紅色煙囪的黑色汽輪正在卸貨，港口裡縈繞著少有的喧鬧氛圍。我們來到了一個海岬，那裡由一個老舊的石頭砌成的堡壘把守著，看著一艘紅色商用汽輪伴隨著一聲嘹亮的喇叭聲熱熱鬧鬧地駛進港口。然後我們又翻越一座小山，來到了大內路，眼前船隻來往不停，我們在一口悲涼的井口旁小坐片刻，這井曾經是都鐸時代的城堡的一部分，但如今這座城堡早已坍塌到了海裡。然後我們又沿著堤壩來到了波特蘭。在我們的右面，切瑟爾海岸聳起，由橘色鵝卵石築成堤壩，因為一些奇怪的原因，在一個又一個世紀之後，已經慢慢聳起，一直在西海岸築起十八英里長的堤壩。然後，波特蘭島淒涼的前沿逐漸隱隱出現。接著道路在接近懸崖的地方開始陡峭起來，穿過了一行行灰瓦房屋；在道路左側，懸崖之頂是線條明顯的大堡壘，還有人工修建的斜坡，上面雜草叢生，槍支從槍孔裡伸出來。在左側陡峭的灰色懸崖緩緩向南傾斜，上面彎折不斷。街道上熙熙攘攘的人群中，有好多歡快的年輕水手和士兵，這些都是活躍的帥氣小夥子，他們都訓練有素，從鄉下人變成了自愛自重的市民。皮膚曬成古銅

色的老軍士一手拉著小孩，然後聽著孩子尖聲的指示用另一隻手搖著跳繩，這樣她就能在他身後跳了。軍士看向我們，臉上是驕傲與羞愧參半的笑容，惹得小女孩責備他不把注意力放在她身上。

我們沿著陡峭的道路慢慢向上爬，揚起的塵土讓人窒息。這時陸上的景色已經籠罩在蒼白的迷霧中，然而魯爾沃斯旁陡峭的灰色懸崖越過海洋，微微發出一抹金色的光芒。

走到頂之後，眼前出現了從未見過的單調景象。整個島嶼可以說像是一隻擱淺的鯨魚，碩大的頭和肩部向北對著陸地。當你登上坡頂的一刻，這個怪物龐大而平坦的一面在你面前展開，再斜斜地延伸入海。那裡幾乎沒有樹木，只有望不盡的田野，由石牆分割成一塊一塊的，其間還散布者灰色的房屋。這裡完全沒有值得目光駐留的地方。最前面的土地已經被翻了個底朝上，到處都是採石場，巨大的如絞刑架般讓人脊背生涼的橫跨式工事隱隱出現，上面有一個輪子在轉動，繩子順著垂進深淵。一堆堆的灰色碎石中點綴著發育不良的小草，巨大的洞坑，滿是陰冷的岩石的溝壑通向海的入口，好似一隻巨大鼴鼠挖出的洞穴。堡壘那邊的綠色斜坡安靜地綿延在那裡，蘊藏著一股神祕的力量，甚為壯觀。再或者，它就像一幅破舊的由灰色和綠色顏料繪成的水彩畫。越過這片碎石地遠處呈現出監獄的鈍形煙囪，給人以不詳之

感，好似給這個冷峻的場景做了收尾一筆。

　　今天，陸地景觀都被迷霧籠罩，好似將這個充滿憂傷的島嶼與世界隔絕了。不過，要是趕上天氣晴朗的一天，景色一定非常壯觀，可以看到內陸的山丘，四處可見高聳鋒利的峭壁，越過一片片海岬，下面是長而柔和的切瑟爾海岸線。但是在海上起霧的今天，這裡一定是世界上悲傷色彩最濃、最引人傷感的地方，這裡只有海鷗的悲鳴聲以及下面傳來的海浪聲。

第二十七章
坎特伯雷的塔樓

今天有種奇怪甚至恐怖的感覺交織在一起，使我感到某種特別的快意，正如一段持續主音中的一個低音後會讓人產生那種德國人所謂的「過勞」的感覺。我在坎特伯雷市，那裡的中央塔樓周圍架著鷹架，從遠處看它的輪廓很是模糊，好似在來回搖擺一樣。我遇見了一個友好而健談的人，他主動提出要帶我到那裡去看看。我們爬上了一小段蜿蜒的樓梯，時不時地透過小窗瞥見外面明媚的陽光和盤旋的小鳥。接著我們在一個拱形的空間裡爬行，左右都投下了暗影。很快我們來到了天窗的通道，從那裡可以看見下面的人在地面上慢慢移動，就像爬行緩慢的小蟲子。接著我們爬上一段短梯子，爬出了一扇鐘樓的大窗戶，來到了架滿鷹架的最下一層通道。這是多麼脆弱而危險的結構啊，因為我們腳下的木板條已經被踩彎。然而，這時我感到了第一絲喜悅，這是因如此近距離體驗身臨高塔的危險之處而感到的喜悅，是因自建塔以來能如此貼近觀看這座塔，領略除了寒鴉和鴿子之外再沒被外人所窺探之風貌而感到的喜悅。我觀察這精美的建築，內心深受觸動。建築表面有一行一行的紋路，儘管在下

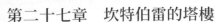

面看這些可能只是小點而已，然而玫瑰或鳶尾花的每一片花瓣都是嚴謹而清晰的剪刀形，好似生來就是為了讓人放在手中仔細端詳的。在我看來這是徒勞的努力，但這依舊是精緻而美麗的徒勞啊！在那個對上帝忠貞不渝的時代，這些精雕細琢既是為了取悅上帝，同時也是為了滿足人們的審美。我們越登越高，達到了護牆上，然後又鼓起勇氣爬上一段令人眩暈的垂直梯子，我們來到了塔頂的一小塊平臺上。風向標剛剛被修好，石頭上濺滿了滲漏的焊接劑。這時，我終於能愉快地看到廣袤的全景：樹木繁茂的高坡、跌宕起伏的山嶺、在鮮花盛開的園子裡聳起的古老教堂的塔樓，在參天古樹中若隱若現的宅邸，以及東北方的培格威爾海灣白色的懸崖。這讓我想起戴斯（William Dyce, 1806-1864）的畫作──從長滿野草的礁石上蒼白的峭壁拔地而起。在天水交界線上，我看到了帆船的灰影。

　　近處是大街小巷，道旁是舒適的典型英式建築，四周是綠油油的修剪過的花園，它們在我腳下像地圖一樣延展開來。我們從高大的榆樹頂向下望去，灰色斑駁的嫩枝在微風中劇烈地搖動，白嘴鴉則在嫩枝上走動棲息。令人高興的是我竟然看到了令人尊敬的東道主在下面的花園裡一邊散步，一邊讀著書，身形只有一個小黑點那麼大。下方一百英尺是長長的鉛灰色屋頂，又寬又直。此時此刻，人們感覺自己猶

如上帝一般，望著自己所創造的世界的一角，看到它是如此美好。人們會覺得已超然於世，看著俗世中人類生活的軌跡，心懷仁慈與同情，意識到人類所處的環境是多麼的狹小。大風在塔樓頂呼嘯著，吹進下面塔樓的窗戶。我無法表達內心的狂喜，但是我認為人們產生從這麼高的地方縱身一躍的衝動並不是一種病態的心理，也並不是因為頭暈，而是出於一種縱情的狂喜。在這一刻，好似有天使在帶領我們飛翔，在這透明的空氣中漂浮遨遊似乎是件極為容易的事情。

唉！可是時間的流失告訴我們該踏上歸程了。在往下走的途中，我們把一隻躁動的寒鴉驚得從巢穴中飛起。牠已經把好多大樹枝叼著運到了那麼高的地方，足夠建好幾個新巢了。牠用好多條偷來的帆布給自己的蛋編了一個碗形袋，裡面有三顆有斑點的鳥蛋，承載著牠們的希望。鳥媽媽守在旁邊的高處，等著入侵者趕緊離開。

回到教堂正廳時，一種奇怪的羞愧和渺小感油然而生。那些看起來如此渺小而無足輕重的人其實是跟我一樣偉大而重要的人。我感覺自己是一個被逐出天堂的墮落的靈魂。

第二十八章　禱告

　　每當想到禱告，我總會很迷惑。如果我們的想法真的能像一個小而清澈的水球那樣躺在手掌，一覽無遺地展示在上帝的眼前的話 —— 我敢肯定事實就是如此，那就沒有必要把這些心願都用語言表達出來了。在我看來，很多虔誠的基督教徒一方面把禱告看成了一定要做的事，而另一方面又覺得應該拒絕禱告。有了這樣的信徒，宗教就意味著這些人盡全力去相信上帝，然而上帝雖然在聽卻很少予以回應。但是我覺得這種態度說不過去。

　　我承認，儀式化的禱告並不吸引我，它並不能迎合我思想中的某種需求。對我來說，做禱告就要犧牲我所有認為重要的東西 —— 靈魂的持續意志，把自己遇到的問題赤裸裸地展示在上帝面前，表達一個人對其他人的希望，期望世間的苦難能被減輕。當然，禮拜會在某些時刻引發這些想法，但是一個人享有渴望和憧憬的自由，追尋一個思路，在困惑中平靜地生活……這些都會在一個人在既定的道路上蹣跚而行時消失殆盡。參加這些儀式需要高度集中注意力，而我並不具備期間需要的靈活頭腦。當觀點被一一呈現，如果人們停下來沉思、遐想、產生欲念，就會在儀式中間迷失，再也

跟不上了。我認為會有那麼一種或是應該有那麼一種代人禱告。但是我並不喜歡各類公開集會,而且把它視作是一種浪費時間的行為。但聖禮除外,因為我個人還是比較喜歡的。但是這種聖會正快速地消失,給我一種凝聚力快速消散的感覺。至於那個古老的理論 —— 上帝要求其追隨者要不時地團結起來,適當流露出對上帝的讚美 —— 這個觀點我連想都想不到。我能想到的最神聖、最單純、最仁慈的人,一定會為這種為了得到上帝關懷而生出這種念頭的行為感到無以言語的受傷和沮喪。於我而言,認為上帝需要得到認可的念頭是對靈魂尊嚴的一種侮辱。

　　我最近聽到了一兩個發生在中世紀的故事,它們證實了我的想法。一個故事講到曾經有一位虔誠的僧侶,因為長期守夜而疲憊不堪,終於在十字架前禱告時睡著了。後來他頭被打了一下,醒了過來,聽到一個嚴厲的聲音問道:「這裡究竟是禱告室還是寢室?」這是我聽過的關於人性和看待上帝的最荒謬的故事。還有另外一個故事,講的是本篤會最早的修道院的故事。有一個做雜役的僧侶,有很多瑣碎卑微的工作要做。他心地善良,但記性不好,因為忘了把蔬菜放在水裡煮以及忘了自己負責的事,惹得弟兄們很是不悅,修道院裡的人就不讓他繼續參與禱告了。還有另外一個僧人,很喜歡一些世俗的工作,比如做木雕,做園藝,根本不習慣做禱

告。他看到前面那個僧人的遭遇，心裡打算效仿。他也在禱告時偷偷溜掉，然後去做自己喜歡的事。修道院的院長是一個愛焦慮卻又很謙虛的人，對此不知如何是好。於是他請來了一位非常令人敬仰的隱士，這人住在附近一個房子裡，院長心想聽聽他的建議。隱士來到院長的禱告室，這時做雜役的僧人站起來偷偷走掉了。隱士抬起頭，目送他離去，內心很受觸動。但是他並沒有做什麼，只是告誡自己要更刻苦地祈禱。不久之後，故事裡的第二個僧人站起來也向外走去。隱士又抬起頭，看他要離開於是也站了起來，跟著他走到了門口，重重地敲了他腦袋一下，險些把他打倒在地。挨打之後，僧人謙遜地回到自己的位置，繼續做起了禱告。隱士也跟著一起做起了禱告。

禱告很快結束了，隱士來到了院長的房間來討論這件事。隱士說：「我記住了你跟我說的話，敬愛的神父，看到一個僧人從禱告席上起身之後，我問上帝我該怎麼做；不過，我看到了一個非常美好的場景；我們的這位兄弟身邊出現了一個閃閃發光的人，這個人的手正放在他的袖子上；所以我相信，這位夥伴是上帝的天使，他來引領這個小兄弟，一起為上帝服務。於是我更加認真地為他禱告。可是當我們的另外一位兄弟起身時，我看向他，我看到他是被一個赤身的清秀小男孩拽著袖子，而且他的身上是灰暗無光的，所以我確

信他不是來參加我們的神聖禱告的。他面帶譏笑，好似內心被邪惡占領了。於是我也站起來跟上他，正當他們走到門口時，我瞄準他狠狠扇了一掌，因為上帝告訴我要打那個小男孩，正好打在他的頭上，所以他被打倒在地，於是我們的這位小兄弟又回去做禱告了。」

聽到這樣神奇的話，院長很驚奇。之後他笑著說：「在我看來，我們的那位小兄弟是被迷惑了。」「很有可能是這樣。」隱士說：「因為我當時看到他和那個小男孩很親近，小男孩一定是對他說了什麼話，但是因上帝的榮耀，我們親愛的兄弟一定不會再犯了。」

在這個有道德寓意的古老傳說中，有很大一部分道出了真實的情況，但我不想在這裡講有關道義的內容。所有我想說的就是，這個關於祈禱的古老說法雖然看起來太過簡單而且幼稚，但在今天看來還是有一種特殊的活力。它的一個前提是禱告這個舉動本身就是為了取悅上帝，而這正是我所不滿意的地方。

這個說法在今天的羅馬天主教會比在我們這裡更加盛行。羅馬天主教的神父並不是從一開始就要全身心地履行神父的職責，他的主要工作就是做禱告。如果不認真對待每日禱告，這在道義上就是一種罪過，如果他真的承認了的話，他的神父生涯就走到了盡頭。在我看來，這與《福音》中所

表述的有關禱告的說法沒有什麼關係。在這裡，這種直接而非正式的持續而祕密的禱告行為，對所有基督教徒來說是必須做的事情。然而，我們的主卻似乎對這種流於形式的冗長的公眾禱告形式非常不滿，甚至完全反對這些禮節。主要求信徒們要一同做的唯一一個禮拜活動就是一起吃聖餐。我承認，在華麗的建築裡進行正式禮拜儀式的這種說法已經遠遠偏離了個體信奉宗教的單純，而這正是基督教所要達成的目的。

　　我個人對禱告的想法是，它不應該被規定特定的時間或是特殊的姿勢，甚至不一定要用語言表達，它應該是不懈地昇華心靈，努力將手伸向上帝。我不認為我們應該向上帝祈求我們想要的東西；我想我們真切的欲望，我們的畏懼、打算、計謀、希冀，每天都會在我們心中產生不下一百次，我們對財富、成功、影響力的渴求，很容易被上帝看穿，就像人能辨別出他的水晶球裡遊走的細小微粒和細絲一樣。但是我覺得我們可以請求得到引導、指引、幫助；我們可以把我們做出的令人焦慮的微不足道的決定展示給上帝看；我們可以向上帝尋求力量以承擔重任；我們可以把希望別人幸福的願望、對國家的願望、對飽受折磨的人們的同情、我們對殘酷暴行的畏懼，一一呈現在上帝面前。這就是我所相信的禱告的力量，即把願望都展示給上帝，並由此發揮出自己的力

量。如果我們放棄禱告，或是只為了一己之私而禱告，我相信我們會漸漸變得卑鄙小氣、自我而軟弱。我們可以交由上帝決定是否實現具體的願望，但是我們要始終對在我們之上的高貴而慈愛的神靈張開雙臂，打開心扉。

我的一位朋友對我講起他經常去軍事醫院看望的一個俄羅斯農民，在他們最後一次見面時，那位農民說他要告訴我的朋友一句非常靈驗的禱告，每次都能得到上帝的回應。「除非遇到了極大的困難，萬不得已時，」農民說：「不然千萬不能用這句禱告。」然後他說出了那句禱告：「主啊，請記得大衛王，和他所有的恩賜。」

我從未試過這句禱告，但是我實驗過上千次在遇到困難、有所訴求、滿腔怒火、在面試前焦慮不安、馬上要開始書寫一段難度較大的段落的時候，臨時做禱告的作用。往往在禱告之後，私欲會消失，怒火會收斂，面試中言語得體，寫作中語句順暢。盡人事，聽天命，這是我們能做到的最好的程度。

當然，我知道很多人透過禮拜式的禱告，來尋求上帝的幫助。對此我表示由衷的慶幸。但於我自己而言，只是墨守成規，在有限的時間內進行禱告儀式的話，我不會受益很多。但我至今沒有放棄參與，因為在一座古老而美麗的建築中，舉行莊嚴的儀式，在音樂和典禮中，確實能振奮靈魂，

帶來歡愉。即使是更加簡單的禱告儀式，也會隱隱存在一些
東西，使人沉靜下來。但更深層次的奧祕在於禱告是靈魂的
一種態度，而不是一種儀式，它揭示的是個體的神祕，而不
是莊嚴的浮華場景。我會讓每一個人都用自己的方式禱告。
對於那些認為禮拜式禱告更有用的人，我也不會試圖打消他
們的念頭；而對於那些認為禮拜沒有意義的人們，我也不會
予以打擊。而真正的奧祕在於我們的目的是與上帝建立連
繫，一種坦誠而虔誠地信任上帝，謙遜地侍奉上帝。我確信
上帝給予祂所有的孩子們的愛是一樣的。但是上帝最靠近那
些每時每刻都攀依祂的人，那些與祂靜靜道出真誠的人。只
有上帝知道為什麼要把我們安置在這樣一個讓人困惑的世
界，一個交織著喜悅與痛苦、黑暗與光明的世界。我們所能
做到的就是足夠地明智和有耐心，跟隨上帝給予我們的啟
示，來到陰霾黑暗中，因為上帝似乎就停留在那裡。

第二十九章
雅各的彌留之榻

一天早上，我聽到誦詩的聲音從小教堂裡傳來，在我看來那個章節是聖經中最美妙的地方。當聽到有人朗誦時，我感覺就像是在對美的最高境界進行檢驗，讓我有生以來第一次意識到它是多美完美。它是《創世紀》的第 48 章，以法蓮和瑪拿西的祝福。雅各身處一個古老的時代，虛弱到筋疲力盡，安然順從，過去的事情像夢一樣掠過靈魂深處。在這種心境下，人很難搞清楚幻想何時開始，真相何時完結。當雅各聽說自己的兒子約瑟夫就要到來，他攢足力氣，養精蓄銳。等到約瑟夫進來後，雅各莊嚴地說道：自己曾在岩石遍布的伯特利山丘上許過諾言，並且已經成功履行了。但即便如此，他依舊思緒不定。他回想起了他的拉結，忍不住談起她說：「至於我的話，當我到了巴丹，在迦南的土地上，拉結在我身邊死去，死在途中，我們再走一小段路就到以法他了。我把她葬在了去以法他的路上，以法他就是伯利恆。」

還有比這更體現人性、更溫柔的做法嗎？將因失去而哀痛的悲傷歲月記掛在心底，即使歲月久遠也仍能將人名和地名親切地牢記於心，很多細節並不重要，但同時卻又是古老

傳說的自然而甜蜜的共鳴，故事中的各種象徵，如此豐富的內容僅僅用一句話來代替 ── 「以法他就是伯利恆。」誰人不曾聽過某位老者探求某個久遠事件中的細節，百般強調並不重要的細枝末節，為了避免造成困惑而變得毫無必地要緊張兮兮，徒勞無益地一味追求精準。

但當他像這樣漫步時，開始想到兩個男孩，臉上帶著驚奇而敬畏的神情站在他身旁。即便如此，他還是不能立即把所有事實拼湊起來，反而突發好奇地問道：「他們是誰？」然後，他那已經逝去的親愛的兒子，代表著安然的智慧和忠誠的愛，用輕柔的語氣為他作答。老者親吻並擁抱了兩個男孩，發自肺腑地說道：「我從未想過能見到你們的臉，瞧啊，上帝也把你的子孫帶到了我的面前。」聽到這話，約瑟夫再也忍不住，將害羞地黏在自己身邊的孩子們推向前，低下頭深鞠一躬，心裡悲痛而又敬畏不已。

之後，老者放棄了想好的祝福，而是將更加厚重的祝福賜予了年輕的孩子，這些話在回憶裡就此縈繞不散，沉入心中：「將我從萬惡中贖回的天使啊，請保佑這些小孩。」而約瑟夫對父親的舉動感到不悅，想要予以糾正，以便把更好的祝福賜給大兒子，但雅各拒絕道：「這我知道，我的孩子，我知道……大兒子當然也會非常偉大，但小兒子一定會更加偉大。」

於是他又加了一條祝福，而即使在那一刻，在那個深沉的時刻，老者還是忍不住為自己過往的英勇而倍感驕傲，最後談到他從亞摩利人那裡贏得的劍和弓。這一行為盡顯人性，因為並沒有記載表明他做過這類事。他一直都被視作一個心緒平和的人，於是這個美好的故事一直到最後都充滿了人性。我絲毫不關心批判者會對這件事作何評價。他們可能會把它說成是傳奇，或是一個以法蓮後裔的杜撰，意圖要依靠傳統的力量使以法蓮後裔保持住至高無上的地位。但這個故事對我而言是在歷史批判之上的一個事實，一股力量，一種溫柔。除卻其他一切真相，這個圖景表現的還有一個非常真切的事實，那就是一位虛弱的長者，在意識尚存的時候做出最後的努力。而至於那位睿智而精明的使徒約瑟夫，他一直是真情流露。那兩個男孩，也就是故事中沒有說話的神情敬畏的人物，並沒有被強加上一些過於成熟的言論，然而身邊卻縈繞著隱隱的希望和喜悅。如果這是藝術，那它必將是一個完美的藝術品，可以觸碰心弦，激起強烈的甜蜜和遐想。

將這個歷史故事與其他人類思想與靈魂的成就比起來，荷馬、維吉爾、莎士比亞等都顯得黯然失色。因為這個故事並沒有刻意營造，在簡單的筆觸和平凡的氣氛中，那種自然、憐憫、唯美到極致，全部得以體現。沒有濃墨、沒有贅

飾、沒有刻意營造的美感，然而它會讓人內心充盈、浮想聯
翩、精神得到滿足。在這裡，人們駐足至真至美的聖殿，寫
下這則故事的智慧之手則打開了心靈之門，隨即退後，不邀
功，不求名。

第三十章　加利利的海洋

　　我經常想起《聖約翰福音》的最後一章，那是最讓我心神蕩漾的作品。我想羅勃特・白朗寧（Robert Browning, 1812-1889）一定與我有同感，因為他也讀過它，在獨特而意義豐富的詩歌〈布魯格姆主教的道歉〉中，包含著一個人的轉變的象徵，從道聽塗說的並不真切的生活，到面對生活的本來面目，還包括了嘗試耕地。儘管我無法揣摩他為何單用這一章來做象徵，我其實希望沒有人能道明其中的道理，但是我敢說這其中連繫應該是顯而易見的。

　　讓我迷惑的是，在《福音》完滿結束之後，他又加上了一則樸素的附言。也許聖約翰並沒有執筆這則附言，儘管我眼中的他心中一定有一個很幼稚的結論，即世界本身無法承載有關基督的書籍。於我而言這非常像一個思想單一且上了年紀的人說出的話。同時，這則附言又非常迷人，因為它包括了整部《福音歷史》最美麗的兩個片段：一個是聖彼得被命令到羊欄裡餵綿羊和山羊，但其語言的微妙之處在翻譯成英語時喪失了；另一個是耶穌在加利利的海邊現身。我在這裡並不是為了討論聖彼得的使命，儘管我曾聽坎特伯雷城的一位大主教在就職大典上，用細膩而哀婉的聲調誦讀過這則故

事。那次誦讀使我們靈光乍現，忽然領略了此次儀式的真諦；我們是單純的基督教徒，而這就好像是把一個牧羊人放到羊欄外面，讓他在綠油油的牧場上和宜人的河流間趕著羊群。

但是人不能一次講兩個故事，不然會讓它們都失去風韻。我們來講第二個故事。

《耶穌受難記》的所有悲慘事情都已經過去，曾經的遺憾、恐怖、侮辱、失落都煙消雲散。當使徒們拋棄朋友和主時，他們的心一定是痛苦萬分的。接下來發生的就是基督復活的故事了，在記載中可以很清楚地看出，在復活之事後，使徒們小心翼翼的虔誠變成了充滿勇氣的淡定，他們無論如何都堅信，一件不可思議重大的事情已經發生，他們的主在從死亡之門走了一遭後又復活了，並回到了他們的身邊。

他們厭倦了踟躕無為和心意煩亂的狀態，回歸平常的生活。船隻在平靜的潮汐中漂蕩了整晚，但是他們一無所獲。當早晨來臨，他們來到了湖邊的岬角和沙灘時，他們看到了岸上有一個人在走動，祂親切誠懇地向他們招手，就好像沒有想到會遇到來客，沒有準備飯食的主人一樣。雖然不知是否正確，但我猜想使徒們是把祂當成了一位買主，只能面帶慍色地說沒有東西可以賣給祂。接下來故事的發展，是他們聽從了命令，將網撒在船的右側。顯然他們並不懷疑這個陌生人的身分，或許是因為他們猜測祂一定是看到了與他們擦

肩而過的魚群。於是，他們抓到了一大網的魚。於是約翰看出了端倪。我知道沒有任何言語能比從他嘴裡迸出的簡單一句「這就是主！」更讓我震撼不已。衝動的彼得跳進水中，連蹚帶游到了岸上。

這個故事還有其他動人之處。他們發現那位貴客像一個母親正在為她徹夜未歸的丈夫和兒子們精心準備餐食那樣，已經生好了火正在烤魚，可是沒有人知道祂是怎麼做到的。漁網被拉上了岸，好多的魚在漁網中掙扎。然後祂邀他們共進早餐，並開始分配食物。在湖邊伴隨著晨間清新的空氣和明亮的日光，人們感覺到這頓令人難以忘懷的早餐似乎一定要在安靜的氛圍下享用才是正確的。大家似乎都能聽到火苗的「劈啪」聲和水浪拍在卵石灘上的聲音。他們不敢問祂是誰，儘管他們心裡清楚祂的身分，因為就在幾天前他們還在一起。敘事主人公暗示說，祂的身上一定發生了一些神祕的變化。也許他們跟我們一樣也在想，祂這幾天是如何度過的。這段時間內，他們只是在毫無預兆的情況下突然瞥到祂幾次，那在他們的視線之外，祂住在何處？祂又是如何度過漫漫白晝與長夜的呢？我只能說於我而言，這變得越發神祕。祂的現身與消失，對我而言這已是超越了人類創造的極限。我能想到的唯一解釋就是，那些人確實存在過，他們相信自己見到了主，雖然我也承認這件事本身就很神祕並且讓

人困惑不已。

　　然而，故事戛然而止了。沒有要進一步解釋、詳述、分析的意思。然後就是彼得受命的故事，有關他死亡的預言，還有更加奇怪的就是刻意對聖約翰的命運不表現出一絲好奇。

　　但是整件事情就像是從隱藏起來的古老世界中突然來到我們面前，抗拒深入研究，激起心底最深的疑問，像清晨的香氣一樣朦朧甜美，又像清涼的微風吹過徹夜未眠的漁夫那疲憊的眉頭，在清澈的湖水中蕩起久久不斷的漣漪。

第三十一章　啟示錄

在我看來，《聖經》中沒有哪段能比《啟示錄》第八章開頭的詩篇更加震撼人心。「當他揭開第七印時，天堂寂靜一片，長達半個小時。」最簡單的詞句，用平常語調道出確切的時長，這本身就很震撼。但同時也隱約有一種不好的氛圍正悄悄瀰漫開來，站在一旁的尊貴威嚴的人們需要鼓足勇氣，屏住呼吸嚴陣以待。直到那一刻，每一層印揭開後的境況都會變得越發艱難。揭開第一層時，天上響起一聲炸雷，第一頭野獸的吼聲 ——「過來看哪！」—— 告訴那些眼神充滿敬畏而內心脆弱的人們向上看那景象。話音剛落，一個頭上戴著聖冠的勝者騎著白馬興高采烈地向前跑來。揭開第二層時，一個手握巨劍的人騎著紅馬跳了出來。揭開第三層時，一匹黑馬奔騰而出，馬上的人穩坐在馬上。接著傳來一個陌生的聲音，用奇怪而自然的語氣發出指令，讓人更加確信這一景象是一種歷史的重播，而絕非自創。那聲音說出小麥和大麥的價格，並指導人們要保護葡萄園和橄欖園。話家常一樣提及最基本的作物讓人們在令人目眩的場景中更加注重生活實際和生活需求。揭開第四層時，死神騎著蒼白色的馬，悲愴地向前騎行。揭開第五層時，祭壇下擁擠一團的魂

魄們躁動不休，他們身披白色袍子，被勒令安靜一會兒。然後，揭開第六層時，在主的震怒之下，地動山搖，萬物混沌，人們驚懼不已；〈羔羊之怒〉中的詞句，更顯意義非凡；最慈悲的人憤怒了；無憂無慮、溫順單純的人也憤怒了。之後，土地被保護起來免於傷害，信徒也被封印，在最悲愴的言語中，疼痛與苦楚已宣告結束，並承諾被救贖的人將由生命之水供養並帶向前方。而後，在這平靜安穩的一刻，第七層被揭開了，可接下來什麼都沒發生！天堂的天使此刻都佇立著，都雙眼雙唇緊閉，心神不寧地等待著接下來將要發生的事情。

最後，眼前的景象又擁擠起來——七支喇叭齊鳴，劇烈灼燒的星星隕落，一群蝗蟲從冒煙的坑穴中魚貫而出，死亡與災難出現了，直到最後書被送到了先知手中，他的心中充滿了得知真相後的甘甜。

我並無心追索這些事物真正的意義。我並不希望這些造就的神祕之物永遠被懸掛在歷史的高牆之上。我從未想過它們會被這樣懸而不決，也從未設想這些充滿光明與恐怖的奇異景象會被凡人之眼所見。但一個人類的靈魂必然會迷失在這些讓人心生敬畏的夢境中，描述景象之書也將因此而被守衛很多年，到最後，又在英語抑揚頓挫的優美語調中被誦讀出來，傳入我們的耳朵中，在豐富的想像力和細心的聯想中

一遍遍地浸潤過。在我看來，這是非常美好而神聖的事情。每個人都有自己對美的評判，人們的生活中充滿了這樣的神祕，而且在那些想讓目光穿過生命黑暗過往的人中，在思索過去的經歷後，想起在書上的封印打開時的所見所聞，一定沒有誰不曾察覺。我知道，這樣的事在我的生命中就曾有過。有時，在撕碎封印的時候，一個富貴安逸之物帶著勝利和繁榮向前走來；有時一個黑影會騎馬而過，使大地為之變色；有時悲愴之雷接踵而至，有時又會出現甜美的和平而舒適的景象；有時人們也會感覺到封印被揭去了，帶來了來自天上人間的安寧。

這些莊嚴而淒切的場景在腦海中久久不散，部分原因是源於我孩子般的驚奇與愉悅。這時人們會再次情不自禁地想起那本書，因為書裡並不只有人的想法和言論，凡間俗事，戰爭與王朝更替，還是一個巨大的寶庫，裡面有著神祕的畫面，軀體之外的事物，只有在天堂才能得以一見的色彩絢麗而形態驚奇的景象。這些確實使人著迷，但超越這些奇異形態和描繪出的幻象，我意識到了一個更深層次的神祕想法，並不是很單純而抽象的想法，也不是一閃而過的念頭，亦不是讓人舒心的魅力或被重新激發的欲望，而是一種更為複雜的想法，透過覺察這些奇異形態 —— 搖擺的深紅色袍子、鑲滿珠寶的閃閃發光的走廊，一顆灼熱的星星，被憂鬱籠罩的

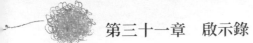

鳥兒，黑暗的樹叢 —— 洞察一切，猶如一段超然的音樂，道
出心中因憂心忡忡和景象模糊而生出的希望和恐懼。我不知
道在靈魂中哪個模糊的地方，這些東西會趨近，但那必定是
一個相距甚遠的地方，在那裡，愛幻想的頭腦會將模糊的景
象投射到黑暗中，在那裡，橫衝直撞是不明智的，但人們可
以時時注視著那裡，站在時間模糊的邊緣，向世界禁錮之外
的地方凝視。

第三十二章　雕塑

今天我目睹了一件奇怪而又感人的事。我和朋友一起去附近的一所大房子去參觀。主人不在家，但朋友享有隨意進出的特權，於是我們決定借此機會一睹內景。

走進大門，穿過古老的鹿園。鹿園裡長著高大的滿是節瘤的橡樹以及寬闊的草坪，成群的鹿正在安靜的享用牠們的美食。大屋首先映入眼簾，門廊和樓閣的窗子安著百葉窗，猶如一隻隻眼睛，毫無表情地死死地凝視著我們。整個地方寂靜無聲，了無人煙，溢於言表，猶如夢中的場景。

這次專程來訪是來看一個特別的東西。從房子的左邊走過，穿過一個鐵門，走進一片茂密的小樹林。不久眼前一片開闊，我們馬上意識到我們已經走到樹林的中心。那裡有一片池塘，荷花茂盛妖嬈，塘邊灌木叢生。池塘裡水鳥、黑鴨、黑水雞成群，漫無目的地在水中游蕩，時而怪聲鳴叫，時而哀婉低鳴。池塘邊矗立著一座不大的大理石廟宇，風霜雨雪在上面留下了些許斑駁的印痕。

慢慢走過去，朋友講起了這座小廟的建造者。他是這裡原來的主人，一個單身男人，晚年過著孤獨的生活。他有著些許狂野和衝動，年輕時候沉醉於享樂和刺激。曾經有過一

位貌美如花的妻子，在他們結婚的頭一年便死去了。至此逐漸自暴自棄，開啟了絕望的隱士生涯，醉心於藝術和音樂。他的屋子裡到處都是畫作，曾寫過一本詩集，以及幾本晦澀難懂的自傳體散文。但他卻似乎沒有半點藝術天分，他的作品似乎只是在對那份深沉的野性和憂傷的沉思進行無力的宣洩。文風浮誇，用詞華麗繁複，抹去了原本的思想的魅力。

　　他就這樣任憑自己沉浸在憂傷之中好多年，沒有愛也不被愛。他對周圍的任何的人都不以為意，滿足於無人問津的狀態。他孤寂高傲，或是在自己的領地裡四處遊蕩，或是在他的圖書館裡一待就是好多天。倘若這一切不是真的，那麼這個故事實在太精彩了。

　　他為了紀念愛妻，才建了這座小廟。他經常來這裡，即便是烈日炎炎的夏季他也會待上幾個小時，徘徊於這座小池塘周圍，亦或靜坐於閣樓裡。我們走近那裡，發現只有一個壁龕暴露於空氣中。吸引我眼球的是旁邊一個年輕男子的坐像。他身上披著短袍，脖子、手臂和膝蓋都裸露，一條腿搭在另一條腿上。手肘搭在膝蓋上，用手支著下巴，臉上流露出一種難以形容的美感。那個男子似乎在向外展望，目無所視，沉浸在思想的苦海中。那張臉是那麼的絕美和清純，流露的不是懊惱的神情，而是一種見到甜美的事物卻無法參與其中的苦痛。雕像全身都散發著一種無法言喻的憂傷。這是

一位法國著名雕塑家的作品，他的每一刀都刻劃得細緻入微。友人說這座雕塑完成之前至少完成了三座雕塑，最後這座才算稱心如意。

基座上雕刻著悲傷的雋語。

在其絕望悲傷的背後，是一種憤怒的無言的反抗。心中的直覺告訴我這座雕像意味著什麼。一個本應是追求美好的生活、充滿活力、渴望快樂的人，卻發現自己充滿了困惑和挫敗感，人間天堂近在咫尺，卻與他無緣。那是一張滿足於擁有的幸福的臉龐，同時喜悅中又流露出一絲悲傷。臉上沒有粗野和奢華的浮光掠影，而是透露出一股力量、一種才智，一種明晰的思想。不得不承認我內心有一種莫名的觸動。內心深處湧出深深的同情，迫切想要做些什麼去撫慰他的心靈，對他施以援手，回答他的困惑並為他歡呼喝彩。悲傷的雕塑流露出來的那種靜默、寂靜與無望引發了我內心深處最強烈的欲望，想要去給予，去釋放我莫名的憐憫之情。它可以被比喻為被禁錮的喜悅、落空的希望、沒有實現的諾言以及靈魂的幻滅。上帝創造了如此美好的他，卻又剝奪了他的快樂，這實在是可悲可嘆。我似乎洞悉了這個鬱鬱寡歡的男子的內心深處，看到他把自己的不幸寫成了故事，如此地與眾不同，令人難過。他似乎是應該不懼死亡的，對任何事物的終結都無所畏懼的，可是如此明朗的人兒即便是身體

健康、性格柔順，卻依然從他身上看不到任何的希望。那種悲傷無以言表。散發出這種悲傷的人並非已精疲力竭，也並非經歷坎坷、面容憔悴。恰恰相反，他年輕強壯，充滿了活力和旺盛的生命力。見到此情此景，我無法說出我的思緒變得多麼縹緲，心情變得多麼沉重。此刻我似乎面對的是世界上最深的悲傷。彷彿在一個陽光明媚、充滿歡聲笑語的夏日，一枝設計精美的羽箭不偏不倚的射穿我的心臟。

這種質疑深植在我心底，根深蒂固，使我好像走進了一個世界，那裡暗淡無光，充滿無望的苦痛。所有短暫的喜悅和面對死亡的時刻，內心都會發出驚恐的質疑：「為什麼我的生命原本是充滿了喜悅和生機的，卻為何一定要遭受苦痛和面對死亡？」

唯一的希望便是此心處於寂靜，默然而無念。或者說如果喜悅能帶給我點什麼，那麼痛苦之中也必蘊含著上天的饋贈。於是在那個寧靜的下午，在寂靜的樹林中，在波光粼粼的池塘旁。我的心靈沐浴在上帝的靈光的撫慰中。我感覺到巨大的希望臨近，宛如巨浪沖上海岸，鹹鹹的海水注滿乾燥孤寂的沙池。「靜靜地等待吧，」深沉和溫柔的聲音說道：「只需忍耐，只需相信，一種超越夢幻的甜蜜、美好和真理將會顯露。」

第三十三章　苦痛的奧祕

近來有一個故事一直久久徘徊於我的腦海中。一個中年男人，依靠辛苦工作來賺錢供養寡婦妹妹和她的孩子。有一天突然患上了很折磨人的致命惡疾。經過一場大手術後，憑藉極大的勇氣和力氣掙扎著重返工作崗位。結果疾病再次復發，只好再一次手術。至此之後他又重新投入工作。儘管如此，在飽受無法言喻的苦痛折磨之後，他還是被迫退休回家，終日裡病魔纏身。幾個月之後，他在痛苦的折磨中死去了，留下一貧如洗的妹妹和她的孩子。

男人是一個安靜，樸實的人。他熱愛自己的工作，熱愛自己的家庭，普通平凡，沒有什麼過人之處。所展示出來的唯一英勇之處就是在手術前注射麻藥時能微笑著坦然地面對；以極大的耐心和堅忍承受病痛的折磨，從沒抱怨過一句，即便是受到一丁點的照顧，也會感激不已。

他的妹妹是一個單純、活潑的女人，帶著幾分溫柔，又有幾分精明。發現哥哥正為額外的開銷擔心、困擾，於是在他患病期間承擔起了照顧他的艱巨任務。她的孩子們也是同樣地坦誠、善良。沒有人曾有過半句抱怨，也不曾說過任何會讓人覺得他們心懷怨恨或是膽怯的話語。他們只是恭順地

接受了這次命運的打擊，聽天由命，依舊笑對人生，盡量讓日子過得好一點。

　　現在我們理一下頭緒來看這個故事，看我們是否能從中找到一絲希望和安慰。首先，這個男人的一生沒有做過什麼事情會使得他要遭受這種特殊懲罰，要以命相抵。他天生質樸，任勞任怨，無私良善。在他生病期間，這些品行被一一展現出來。當然他的妹妹也似乎無需生活這般的考驗和折磨。一家人過著非常安靜，快活，充實的生活，是好公民的典範——虔誠信奉上帝，知足常樂，即使物質條件簡單亦能快樂地生活。

　　若是一個人相信造物主的良善，公正和耐心，他就不會為非作歹、踐踏正義、缺乏愛心。從始至終都沒有從他的故事中看到慈悲或公正。糟糕的是，如果能證明即使是從瑣碎之事上也能看出上帝的良善已然失去，如果從他的一個孩子身上或是某一細小之事上能找到證據證明上帝的忽略、粗心或是冷漠，那麼人們就無法繼續相信上帝是萬能的了。也許有人會認為命運對他是那麼不公平而殘酷，也許這個世界有許多邪惡力量讓他無法抗拒。

　　他的遭遇無法改變，一個人的寶貴、優雅的生命就這樣輕易的結束了。妹妹也倍受打擊，悶悶不樂，再一次淪落至孤獨淒涼的狀態。孩子們的教育成了大問題，家庭陷入了困

境。唯一讓人覺得心安的是親戚朋友的良善關懷和老闆對這個飽受苦難家庭的關切，從某種程度上來說也算作是一種彌補。但是這個男人本身和他的妹妹都展現出一種英雄般的品格。一種值得深思的英雄主義和謙遜的品德。因為這一切都似乎超出我們常人的想像。

我們所見到的簡直是萬丈深淵。或許這是一個極端的案例，但在這個充滿了悲傷、精彩和困惑的世界裡，同樣的故事每天都在不斷地發生。當然或許有人因不敢正視問題而選擇默然接受，說：或許這是生活的一部分，我們無法解釋，我們只是希望我們可以僥倖免於這樣的苦難。但這只是一種消極悲傷的態度，至少我是無法活下去的，除非我發現上帝對我比對他們更加關愛。我是說我會無法活下去。但是現在我必須活著，等待上帝給予我們任何形式的考驗，無論是喜悅還是苦痛，亦或心滿意足或是悲觀絕望。為什麼當上帝的旨意帶給我力量、希望和喜悅時我會表現順從？為什麼當他讓我懶散、悲傷、失望時，我會與之相悖？對此我無法作答，而這個謎題也一直困擾著一代又一代的人。

但我依然相信有上帝的旨意，我還相信總有一天我們能真正領會祂的旨意，無論距離現在有多麼遙遠，這一天終將到來；總有一天，這些汙濁了天堂的純淨的悲劇，在我們認真的努力下終將遁去，那將是多麼了不起、多麼令人開懷的

一天，我們會因精彩和喜悅而縱情大笑；總有一天，我們不
再像童年時光那般為一個損壞的玩具或是一隻死去的小鳥而
感到無人慰藉，想要痛哭流涕，我們面對苦痛折磨時會更加
地釋然。每逢想起這些時我們會微微一笑，笑我們自己的無
知和狹隘。我們微笑面對著我們這個世界和生活，其實它早
已展現在我們的眼前，只是由於我們幼稚的悲天憫人，我們
忽略了眼前的美景。我無法猜測什麼時候這種狀態才能到
來，但我相信一定會有那麼一天，因為我忘記了悲傷，卻沒
有忘掉喜悅。

第三十四章　音樂

　　剛剛聽完一位小提琴家的演奏回來，這位小提琴家和其他三位一起演奏莫札特和貝多芬的曲子。我對音樂的技巧幾乎一竅不通，但是我知道莫札特的音樂能讓我身心喜悅，心情明朗，那種快樂不似塵世間那種無憂無慮，而是一種超凡脫俗持久的釋然。我對於貝多芬的音樂了解的不多，但是隨著大提琴的演奏產生了一種微妙的改變，它能使心底的悲傷得到昇華。

　　除了其音樂技術表現方面，這四人的表演是如此的認真而莊重，彷彿他們的演奏不是在尋找快樂，也不是在創造快樂，而是在闡釋、表達某個重大祕密，既熱情昂揚又莊重肅穆。他們的表演的確對我來說無限地接近我心中的想法，正如音樂和被轉化成的聲音那樣無限貼近。一睹小提琴家本人不禁肅然起敬，他大大的頭，灰色的鬍鬚耷拉在小提琴上。他如此的安靜，固執的眉毛，疲憊的雙眼，眼瞼微垂，流露出一種尊貴與嚴肅。看他那雙手，既不精巧又不纖細，但卻豐滿有力，肌肉發達，拉起琴來不緊不慢，堅定而輕鬆地把感情傾注在琴弦之上，特別引人注目。一切看起來都是那麼輕鬆而自然，毫不做作，看似簡單卻又非常了不起。它讓人

感到火焰與安靜交織在一起，這也是藝術的最高境界，或許也有人會說是生命的終結。這個火焰沒有閃爍不定，而是在穩定地發著光。它不是灼燒的火苗，而是猶如一個龐大的熔爐，巨大而炙熱。接著寧靜降臨。那位了不起的人不是以表演者的身分在表演，他似乎對讚譽和掌聲並不在意。他像是一位神聖的牧師般莊重、嚴肅，被呼喚到這裡是為了來慶祝一個神祕儀式，召喚天神的降臨。他不需要任何人的認同，也似乎認為我們的心情和他是一樣的，都是來出席某種神聖儀式的朝拜者；而他的演奏技能也不是用來展示和炫耀的，就是用來侍奉上帝的。他看起更像是在把聖餐禮的食物分給虔誠的人群，而不是在給予眾人快樂，他只是一種神祕的優雅的傳播管道而已。

　　在聽過這樣的演奏之後，人們在離開時不僅內心充滿短暫的喜悅，還對藝術產生了真切的深深的喜愛。彷彿他們已經在神龕前鞠躬，已經吃到了精神食糧。在他奏出甜美而又深情的最後一聲，演奏家抬起他大大的頭顱，目光在人群中輕柔地逡巡，讓人感覺他就像摩西一般，已然敲擊了岩石，而那涓涓細流已然噴湧而出，然後變為深深的尊敬，好像在說：「上帝曾在這裡……而我竟不知道。」一切活動、談話和工作或是利益的糾葛所構成的世界，是人的必然歸屬，在這個世界裡，彷彿一切都是美妙的噪音和一種虛無的掙扎；唯

一最真實的存在便是我們剛剛走出的屋子，那裡面的音樂似乎是在遵從上帝的旨意在演奏，這樂曲聲體現的是上帝的精神，可以使混亂變得井然有序，可以為黑暗帶來光明。沒有任何渴求或是心機、手段，沒有凡夫俗子的瑣碎，以勢不可擋的姿態在塵世間掠過，正如那初升的太陽，於靜默間掙脫黑暗的束縛，莊嚴地升上萬里無雲的碧空。

第三十五章　基督信仰

　　早上讀報紙的時候，讀到一篇很糟糕的文章，一位身居高位的牧師在文中批判其他幾個牧師的宣言，並在文中直言不諱。竊以為作者似乎都把矛頭指向了他的對手，攻擊其言語間的漏洞，使其如芒在背。文章言辭辛辣而篤定，文字間充滿了傲慢。

　　我覺得自己對那篇宣言倒不大讚賞，這不過是一篇羞澀且缺乏熱情的宣言，但至少文中充滿同情和溫情。文章的大意是正如一些歷史批評學家所認為的，《舊約》中的某些事情不過是一些傳說，因此我們不可否認在《新約》中可能會遺失一些事實。例如很有可能在沒有遺漏任何基督的重要教義的情況下，人們會覺得對於某些不可思議的事情的懷疑是有道理的。甚至相信其中的故事有幾分誇張，在尚未使用科學歷史方法進行驗證的年代裡，所書寫的傳奇故事都存在著幾分誇張成分。會存在懷疑是指：因為對《新約》中記載的某些事件缺少可信的歷史證明，所以永遠無法去確認或是否認相關的歷史史實；儘管它們的確可能發生過，但或許可能已經逐漸被遺忘掉了。

　　我讀到一位辯論者的文章，感到非常的困惑和痛苦。他

在文中提到關於其自身對於耶穌審判的真實想法，使得人們會認為他認可《舊約》的說辭，諸如生命的創造和人類的墮落、巴蘭之驢的故事、約拿被鯨吞掉的故事等等。他還寫到《新約》中的一些傳奇故事是上帝的指示，就像某些事情的真相已經在某個時間得到了證明且已得到明智人物的認可了一般。但是真正發生過的客觀事實是在某些宗教大會上，《聖經》中的某些部分被選定為必不可少的一部分，而之前在《舊約》中選出的部分也得到了認可。但是那位好辯論的人會認為這些宗教會議是絕對正確的嗎？但所有理性的人都應該意識到，參加大會的這些人在當時的時代背景下都已盡了自己最大的努力來選取他們認為包含著真理的書籍。假設大會中的大多數人都認為創世紀的故事只是一個神話故事，那麼他們早就去設法證明真相了。對於這種說法，他們是不會相信的。他們從未對此懷疑過，是因為他們不曉得一個道理：如果一個已經被論證過的正常事件能夠被眾人接受，那麼一件看似不正常的事件則需要更多的證明來論證其真偽。

如果牧師們能發現，像我這樣的普通人想要的只不過是更大的靈活性，而不是荒謬的確定性該多好！如果他們不去徒勞無益地試圖保護已被敵人占領的周圍工事，而是用心修建中心堡壘該多好！如果他們清楚地表明一個人可以當一個虔誠的基督徒，卻不必對《聖經》裡某些不可思議的事情咬

文嚼字地去琢磨，那該是多麼令人慰藉的事啊！

　　我是千百萬普通人當中的一位，我是一名虔誠的基督徒。但我現在覺得《舊約》和《新約》一樣富有詩意卻也存在謬誤。我認為《舊約》集結了古代作品的精華，包含了神話傳說、歷史、寓言、詩歌及戲劇的經典。其價值在於表達了對上帝的強烈的信仰以及對聖父的完全的解讀。

　　讀到《新約》時，我感覺自己在《福音》書中遇到了在塵世中最美好的人格。我不是去確定或是否認那些難以置信的故事是否真的發生過；我越是清楚地意識到故事存在謬誤、發現經不起推敲的細節、看到文中暴露出來作者缺乏歷史研究方法，我就越發堅信三位一體的理論及基督的教義，因為我覺得那些把祂描述成造物主的學者們與他相距甚遠。

　　如果《福音》的作者能像柏拉圖或莎士比亞那樣有極強的文學技巧和準確的哲學或詩歌洞察力，那麼我可能不會太相信書中的記載。但基督的所言所語、祂所傳播的理念對我來說其水準要遠遠高於人類精神文明，因此我心悅誠服地承認我所面對的是一位於我而言已經超然於人類之上的人。即便能證明《福音》書中的傳奇故事都沒有發生過，也絲毫不能動搖我對基督的信仰。但事實上，儘管我沒有能力去區分開哪些是事實哪些是誤傳及誇大其詞，但我仍願意相信在這樣一位非同尋常的人物身上會發生匪夷所思的事情。

在《新約》的另一部分〈使徒行傳〉中，我對世界上第一次信仰危機的記載特別感興趣。在使徒聖保羅和其他宗徒的書信中，我看到了早期狂熱的基督徒的話語，這些人是真正的未經教化的天才，他們身上發生了好多令人驚訝的事例，都是對當時的人或是接近同時代的人產生過影響的事情，而受到其影響的人都具有像基督那樣的優秀品格。無論是當代或是近代的人，或是相同熱烈的個性或是基督的人格。在〈使徒行傳〉中，我看到了深深的詩歌韻味及敏銳的洞察力。

儘管這些文字反映出了對信仰的喜悅與熱衷，從而使他們在記載人類精神文明的史料中能占有很高的地位，但是我在字裡行間找不到任何超出人類發展可能性之外的東西。我觀察到，聖保羅的辯論方法不總是那麼前後一致，當然他的結果也不是那麼的有說服力。他們所擁有的靈感都得益於對基督的親近及深切的了解，而當基督降臨時給人的感覺是那麼朦朧卻又那麼令人敬畏。

正如我所說的，如果教堂能停止對歷史的爭論不休，轉而把力量集中於內心和高尚人格的建立上，這對於我以及其他人來說將會是最大的釋然。但與此同時，無論是科學的批評家還是不理智的學究都不能阻擋我對基督的信仰。我呼籲基督徒開放思想，但我也心悅誠服地承認，我信奉上帝，天父，信奉聖靈基督，救世主，救贖者，信奉具有高尚情操的

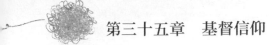

人們，正是這種信仰引領人類緩步前行。我既不是確認，亦不是否認《聖經》中的文字準確性；我無法否認教廷一直以來所奉行的教義的核心實質，那是更上層的結果，但我也不能否認其中會摻雜某些錯誤的可能性。我需要有接受教會聖禮的權利，因為我相信透過聖禮，我的靈魂能得到啟迪，能使得救贖者來到我的身邊，能把基督徒緊密連繫在一起。但我沒有理由去相信任何人類的宣言 —— 無論是科學家的宣言還是神學家的宣告 —— 都不可能會出錯。的確在這個世界上，除了我存在於世界上的事是我能完全肯定的事實外，沒有什麼是事實。因此我完全確認，我無法接受任何從僅有的文本中推導出來的宗教體系，無論其有多麼精妙，因為我無法確認人類表達是否是準確無誤的。但另一方面我又似乎是能夠辨明一切的，正如我有把握去辨明這世上的其他事物那樣，就在這個世界裡一切是如此的黑暗，在某一時刻一個高尚的品格降臨於世，值得我去尊敬，去效忠。在此基礎上我才具有了相信的力量。

第三十六章　邪惡之謎

　　幾天前，我住在一個古老的大宅子裡。一天早上，房子的主人走過來說：「我來是想告訴你一件奇怪的事。我們剛剛發現了一個地窖，似乎自打這裡修建好以後從未被發現且使用過。那裡長著我所見過的最奇怪的菌類植物。」他拿著一大串鑰匙，敲響鈴鐺，叫人把燈都打開，然後我們一起向那裡走去。那是一連串用磚塊建造拱形洞室，讓人感到舒適、涼爽，磚塊上並沒有抹上白灰來裝飾牆壁，兩邊堆滿了酒箱。一切跡象表明自從修建這裡以來，物質條件發生過改變；在十八世紀喝掉的酒一定是數量驚人的，運輸酒水的難度也一定很大，因此一代又一代的房主就像寓言故事中的無知的財主一樣囤積了這麼多箱酒。在一個倉庫角落裡有一個低矮的拱形門，朋友解釋說從老房子裡拆下了很多鑲板為現在這個宅子騰地方，一直堆積在這裡，因此入口被擋住了。他打開了大門，一種奇怪的味道飄了出來。室內變得燈火通明，我們走進了地下室。這裡是我所見過的最奇怪的場景：拱頂後端就像一個掛著棕色絲絨床簾的大床，透過間隙清晰可見裡面的東西宛如白色天鵝絨枕頭，還有形狀奇特的隆起。朋友向我解釋說，在後面有一個木質酒箱，上面長滿了

濃密的真菌。整個地方是那麼神祕而令人害怕。巨大的天鵝絨床簾隨著氣流的變化而搖擺著，讓人感覺似乎某個神祕的沉睡者隨時會被吵醒，似乎會從簾子中看過來，煩躁地問道為什麼要驚擾他的美夢。

　　這一幕在我的腦海裡徘徊了些許時日，並引起了一連串奇怪的想法：這些菌類形狀朦朧，異常繁茂，帶著一種邪惡之美，喚起心中一種奇怪的抵觸心。他們看起來是不聖潔的，是邪惡的，然而這一切都是大自然的一部分。它們自然而美麗，在這個陰暗的、無人問津的地方頑強生長，用它們那黑色、柔軟的身軀覆蓋於光裸的牆頭之上。這無法不讓我們感覺到它們生長過程中的喜悅，在這個完全適合它們生長的地方發芽長大，不受干擾，繁茂異常。然而於我們這些喜歡自由空氣和明媚陽光的人來說，它們是處於死亡和黑暗當中的。在我看來這好比一個關於令人困惑的邪惡之謎的奇特寓言，那是一種在陰暗靈魂中得以猖獗生長的罪惡。我一直覺得邪惡之謎如此令人困惑，是因為我們堅決認為邪惡的東西是違背上帝的本性的；然而邪惡必須從上帝那裡獲得其活力。其中難以置信的是，在一個萬能的上帝主宰的世界裡，違背祂意志的竟然還存在於世上。我們要麼接受一個觀念——上帝不是萬能的，自然界中存在著一個二元論，存在著永恆對立的兩個極端；要麼意識到邪惡在某種程度上就是

上帝的表現形式。如果我們拒絕做到上面兩點中的任一點，那我們就不可能找到解決問題的辦法。如果我們接受第一個理論，我們可以想像順其自然的傾向，那是一種惰性，是一種力量，如死亡的力量那般，可以讓運動停止下來；我們可以把所有的運動和力量想像成另外一股力量，那是甦醒的精神，是生命的力量。但即使在這裡我們遇到了困難，因為我們試圖把二元論轉化到人道領域中來，我發現在疾病肆虐的時候，不是惰性在反對運動，而是一種不利於人類生命的生命在與有利於人類健康的另一種生命進行著較量。我的意思是，當發燒或癌症蹂躪著人類的軀體，它只是寄宿在身體裡面的細菌，是一種與健康的人類機能進行對抗的細菌的生命。肯定有那麼一種感覺，我不會稱之為意識，而是一種獲得勝利的生命的感覺，這個生命是寄生於肢體上的癌症，與各種治療方法進行對抗，想要取得勝利。我不可能相信這些寄生在人體的生物的生命力不是來自於上帝。我們生活在自由的空氣裡，沐浴在陽光下，有著自己的思維和說話方式，認為和我們共用同一個生存環境的動植物是健康的生命，而在腐爛黑暗處滋生的微生物 —— 譬如我見過的奇特的黴菌、以腐爛的物質為食的幼蟲、柔軟而蒼白的蛀食蔬菜的菜蟲等就是一種不健康的生命。但是這些生物跟我們身邊的一草一木以及活潑的小動物一樣都是上帝的傑作。我們不得不提防

會威脅到我們的健康的生物，我們也從不質疑我們是否有權利為了個人利益而剝奪那些生物的生命，但同理，我們也不得不要去考慮道德罪惡的問題，儘管那是黑暗而有殺傷力的，但同樣也是上帝的作品。這是一個悲哀的結論。但我毫不懷疑，沒有那麼一個完善的哲學體系可以只承認善的力量是上帝之作，卻迴避惡的力量也是出自上帝之手。我毫不懷疑兩者中的任何一個的力量之強大；但對於邪惡的產生是出於自由意志、痛苦是罪惡的結果的說法，在我看來是不甚妥當的，因為衝突、痛苦和死亡的神祕歷史遠比任何有據可查的歷史都要久遠。我們常犯一個錯誤，就是把所有可能會對我們的健康、幸福產生作用的品德疊加起來，創造出一個人形化的上帝，並希望祂能深入人心。真相卻更加隱蔽，更加嚴峻，也更加神祕。在上帝那裡，黑暗幾乎等同於光明；自私和罪惡跟無私和聖潔一樣都出自上帝之手。無論是把這種態度視為悲觀主義，還是認為最終的結局只會是默認或是絕望，都是違背真理的罪過。不考慮這一點的想法只能是一種錯覺，我們極力利用這種錯覺來掩蓋我們不敢面對的事實；但這樣一個不可動搖的信念並不會影響我們去奮鬥和努力；它會讓我們相信奮鬥是自然界的法則，我們注定要去參與這場戰鬥，只有沒有立場的那些人才會最終落敗。

　　儘管有時會產生錯覺，但卻不是沒有判斷力的。黝黑的

叢林上方的星星，安靜地懸掛在那裡，發著蒼白的微光。而實際上它不是一顆星星，而是一個包裹著熾熱水蒸氣的星球，被許許多多的小行星圍繞在當中。我們要做的就是盡可能地去找到事情的真相，不要妄想出一個解釋藉以逃避，否則痛苦和悲傷會毫不留情地將我們弄得體無完膚。我們要看進上帝的心底，以最忠誠的態度去聆聽發自上帝靈魂深處的聲音，接受祂的指引。

第三十七章　重生

　　有時我的心充滿渴望，想要去建造、更新些什麼 —— 可能是一座殘破的建築物，一朵日漸枯萎的花，一個失效的制度，也可能是一個具有毀滅性的性格。眼看著某個明豔動人的事物就那樣逐漸失去美好的模樣，變得落魄、無人問津，我的內心充滿了憐憫之情。的確有些時候，當桌上的一朵鮮花不再清新而芳香，開始長出斑點，變得醜陋不堪時，那必是一種悲涼之意，一種徒然的悲傷。或者當看到某個瀕臨死亡的受傷的動物，甚至某位正面臨死亡威脅的摯友，眼看著他失去健康的光彩，處於彌留之際，人們唯一能做的就是在討厭的死亡面前屈服，祈禱這最後一段路不要太長、太黑，盡力樂觀地想像著幸福的祕密正在天堂入口等待著他。

　　但有時當一個人覺得衰敗可以停止，可以注入新的活力的時候；在生命跌入痛苦的深淵之後可以有一個全新的開始，可以重塑美麗的時候，甚至可以大膽假設重塑之後會更加輝煌的時候，那種悲傷之中更多的則是希望。

　　這種悲傷最容易困擾從事教育工作的人。人有時候會像一團烏雲掠過灑滿陽光的花園時那樣忽然打個寒顫，感到許多因素在一個小群體中運轉著，一個邪惡的祕密正在蔓延、

滲入平靜、富足的生活中，懷疑、分裂和誤解像毒草一般在上帝賜予人們去打理的寂靜角落裡瘋狂繁衍。或許有人做了許多錯事；有時候有人用錯誤的方式做了很多的事；有的人對上帝的信仰還不夠虔誠，不敢把一切都奉獻給上帝。亦或者是出於膽怯或內向、打從心底不想多惹是非、單純地希望事情可以自行解決，有的人甚少付出；懦弱或懶惰是所有影響人生的因素中最糟糕的。

　　有時候當人們在自己在乎的人的行為和臉上看到一絲緩慢、不易覺察的微妙變化時，會感到一絲悲傷，那種變化並非是改變了倦怠的狀態或是身體變得強壯；出於憐惜之情，這是可以忍受的；但是有時人們看到的是他的純真正在逝去，對待健康、美好的事物變得無動於衷，甚至發現一種成熟、邪惡的美已然成型 —— 比如說能坦然面對邪惡並能發現其強大的魅惑力。人們直覺地感到曾經為這樣的靈魂和自己的精神而開啟的大門漸漸地閉緊了。甚至於如果有人試圖快速地拉開這扇門，便可以聽到裡面傳出的聲音，甚至在那一瞬間看到了快速移動的身影，因此他能確定裡面有訪客到訪，並由一個頑皮的夥伴作陪；然後這個人只好難過地等在那裡，時不時地輕輕敲幾下門。如果有時靈魂在內心裡焦急地呼喚，裡面可能會很快樂地回答說裡面已滿，不能出來了。

　　但有時候也應該讚美神，這是另一種方式的表達。一年

第三十七章　重生

前有個人想要見我。我不認識他，但我可以看到他正被矛盾所困擾，生命的綻放受到了阻礙。我不知道如何讓這些問題暴露出來，但沒多久他便簡單坦率地說出了他所有的困惑，問題的確很多。最打動人心的是他說彷彿是他一個人在經歷著這一切，彷彿他被孤立在同類之外，獨自處於黑暗和質疑的恐懼之中；彷彿令他困惑的悚然的想法和困難從來沒有人遇到過。我沒有對他說太多，也的確沒什麼可說的。他清掃讓自己心靈沉重的塵土就足夠了。我盡力想讓他覺得他不是唯一一個遇到這事的人，其他人之前也有經歷過他走過的路。此刻任何建議都無濟於事，因為病人必須掌控自己，解決問題的方法就在患者自己的心裡。他知道他應該做什麼，困難的是有沒有要去做的強烈意願。即使是僅僅坦率地說出擔心和問題，也能驅散困擾著他們的迷霧，把它們甩在一旁。在陳述這些問題的過程中它們變得簡單明瞭，而且不僅如此，因為我經常注意到，在向用心聆聽自己的人講述自己的困難的過程中往往會發現解決問題的方法。一個人可能會像基督徒在懷疑築起的城堡裡那樣，找到解決問題的關鍵，但其實它一直存在於人的心裡，它就是「希望」。

　　一年過去了，我欣喜地看到健康的氣色和滿足的表情再次回到男人的臉上。他沒有刻意去克服什麼，也沒有贏得什麼，哪怕是最小的勝利也沒有過；但他現在找到了自己的出

路，不再四處探尋而不知所以然。

　　因此在我前面提及的那種心情裡 —— 想要去建造或是更新些什麼，人們不應該沉醉於多餘的、可悲的幻想中，也不應讓自心迷離於暗淡不明的地方，因為在那裡只會做徒勞的掙扎。我這裡所指的地方是指令人悲傷茫然的狀態，在這種狀態裡的人會終日糾結於為什麼世界上有那麼多夢想無法實現、為什麼那麼多希望都化成了泡影、為什麼有那麼多的可能卻無法一一實現。一個人必須在視力能及的範圍裡尋找細小的失誤。即便如此，有時還會遇到邪惡的誘惑，那麼令人不易覺察，它會透過偽裝悄悄滲入人的心靈，慫恿人們無所作為。以誘惑的聲音說道：「你自己的心情和生活還一團糟呢？幹嘛要去管別人的生活、在乎別人的情緒呢？指導別人也好，管理、幫助別人也好，有什麼用呢？連你自己都沒有做到的事，怎麼敢去鼓勵別人去做呢？」勇者的回答會是：「如果一個人知道自己失誤在什麼地方，曾經遭受過挫折，且已經累積了經驗，那麼這個人就有資格與他人分享經驗，為他人提供幫助。但如果我自己背負了太多，牢騷滿腹且方法不當，因此而跌跌撞撞，那麼我就不能對與我同病相憐的人提供建議，告訴他如何才能更輕鬆應對，如何才能避免失誤，如何才不會像我那樣跌倒嗎？減輕別人的負擔就是在減輕自己的負擔。儘管出差錯可能是有罪的，但明知別人出錯

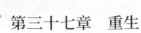
卻保持沉默，本應可以出言指點卻無動於衷，就是更大的罪
過。也許只有自己親身經歷過的人才能提供最好的幫助，才
能指出如何在艱難的道路上避過溝坎。」

　　此中便有真正的悔改的喜悅，感受到自己的教訓能帶給
他人啟示，而自己無力的雙腳也因此而變得又有了力氣；但
是一個人還可能會感覺到其他人已經加以小心，如果沒受提
醒肯定要被絆倒的，但是正因為受過提醒，所以成功地避免
跌倒。如果是這樣，那麼這個人不會後悔自己所經歷的苦
痛，因為自己的苦痛經歷可以為他人帶來方便，這已不僅僅
是對自己有好處的事了；甚至於連自己曾犯過的錯都不覺得
是一種罪過了。

第三十八章　祕密

　　近來，我徘徊於山間和村落，鮮少有空讀書。好多時候，我都是獨行的狀態，或者有一位從不做聲的夥伴相隨，他的陪伴比世間萬物更加寶貴。並且，當我不去讀書的時候，總是感覺自己見識雖多，但思索甚少。若只說勸人多去思考，聽似是個懶惰的建議，但我卻總有種感覺，即閱讀也是一項頗為懶惰的活動。當我獨自一人，或是休閒讀書時，我常會放下自己的思緒，由書中之人替我思考。這樣的感受，彷彿是置身於舒適的火車車廂之中，火車沿軌道一路平穩運行，到站則停；乘客欣賞沿途風光，無盡曼妙風景一閃而過。風景無窮無盡，甚至頭腦疲於消化。由此，我總是覺得，即使現代的旅行舒適而便捷，仍會使人易倦。然而，思考則如同一人獨行山間，他可任意駐足回看沿途景色，也可盡享眼前有限之處的無限瑰麗。

　　讀書往往是省卻麻煩的做法，是大腦繁忙不休時的一劑催眠針。上週，我手邊僅有少許幾本書相伴。在這幾本書中，一本即是米爾頓的《失樂園》（*Paradise Lost*），我從開頭讀至末尾。我想先講幾句簡短的書評，後將其引申進一個更廣泛的問題之中探討。讀詩之時，心懷嘆服之情，因其描

述雄渾有力，跌宕起伏。然而，除去如沙灘上點綴的貝殼一般的討人歡心之處，偶爾會博人會心一笑之外，我在其他閱讀的時間裡，幾乎不帶感情。然而，我並非說讀書時沒有情緒，因為我在讀的時候，確實有義憤填膺之感。讀罷，我的結論是，此書害人不淺。依我之見，周遭的粗俗、商業化、宗教悲觀類作品大肆流行有因可察。米爾頓以一位讀過《伊利亞德》（*Iliad*）的學者角度，來看待我們的上帝、救世主和眾天使。我認為，該書中所描述的上帝言語之章節，關於故事背景之討論，對救世主情節之設定，可算作是英國文學史上最為汙穢下作的一頁。我並不願作踐自己的聲響，因這並不是什麼有趣的玩笑；但行文中對耶穌救贖之預設，即上帝問天使，有哪個願意經歷死亡來成全祂那受損的公義，可天使們遲疑怯懦，以沉默作為拒絕，而後救世主挺身而出，甘願犧牲挽回大局，我只能稱其為包裹在莊嚴語言外衣之下的愚蠢和殘忍，令人作嘔，使人為之扼腕嘆息。上帝這一角色，在米爾頓的設定中，是個老謀深算、驕矜氣盛的清教徒。他筆下的上帝心胸狹隘，拒人千里且毫無愛人之心。祂工於心計，一旦計畫落空，一旦下屬有過，則必懲之。若是犯錯者不能得到應有的懲處，社會的風氣必定受到影響；若是無辜的人受到牽連，那麼注定會有人成為受害者。此書邪惡可憎，我一定不會允許心智健全的孩童去讀這樣一本荒誕之書。

再者，文中有關背叛天使鑄造大炮，製造火藥，一排一排地殺戮正義天使的段落描述，毫無道理可言且荒謬異常。整本書充滿仇恨的物質主義之感昭然若揭。我倒情願英國的教會能列一張禁書目錄，將《失樂園》放在其中，只有經歷成年累月的思索，持有相應證書，且純粹出於文學性研究目的的人才許閱讀。

這本書從反面印證出，藝術竟可以如此有力；一個滿腔忿怨的老作者，知曉這世上所有醜陋的謾罵，那些能寫出純情詩篇和十四行詩來博得名聲的美好青春，早已一去不復返；在脆弱的名聲之下，這個聲名狼藉的鐵腕人物揮舞著手勢表達著憤怒，但力量卻已日漸式微了。

我可以憤然列出這本書可能造成的潛在危害。除米爾頓之外，還有誰能為書中女性所處的刻薄而羞恥的地位負責呢？在米爾頓的筆下，女性的角色是無主見且溫順的，她們全部的心思都在於如何取悅她們的丈夫，在男人的懷抱裡低眉順眼。米爾頓無疑醜化了周圍所有女性的形象，將她們變為奴隸，當他抽打自己的姪子們時，或是聽到自己可憐妻子的哀嚎時，他才覺得自己是正義的化身。我不想再過多地探討米爾頓其人，我倒願意透過今天讀書時所經歷的這些低谷，延伸出更廣闊的思想。

於我而言，在藝術之中，就彷彿置身於耶路撒冷的聖殿

之中，循序漸進的三種層次可以用外院、聖所和至聖所來描述。作者和讀者之中的許多人都可以進入外院；走進外院看似是將這個世界關在門外了，但進入的過程實則輕鬆而尋常。那些被文中的觀點和情境所感染的人都可以到達這裡。然後下一站便是聖所了，昏暗而榮耀，可以看到燈檯燭影閃爍，祭壇隱隱發亮。想要到達這個地方，就要成為藝術的祭司了。在這裡，你可以看到所有勤懇敬業的匠人，他們才是真正懂得藝術中隱而未現的謎團和奧祕之人。他們可以愉悅心靈，蕩滌雙耳，他們會散發出迷人的馨香之氣，但對這些人而言，他們還沒有揭開全部的奧祕。在這裡，有許多文辭優美，但卻尚未觸及靈魂的詩歌，有感人的故事，稍有偏頗的批判作品，這些作品曾讓人感到欣喜，卻無法帶來長久的滿足。能經常到此的人皆是名流之輩，其思想廣為流傳，他們會談論種族和形態、價值和秩序。他們可以算是人盡其才，物盡其用了，然而卻常常是情緒高過了技藝。

不過，還有最內室的至聖之地，一片漆黑中，偶爾可以見到約櫃上折射的聖潔光芒，碰到尊貴天使的尖尖翅膀。在這個神聖的箱子之中所放的東西倒是極為簡單，有一串枯萎的樹枝，一罐子食物，兩塊上面有著若隱若現字跡的硬石板。這些東西既不昂貴也不稀罕。但只有真正進入至聖之處的人才能看到這樣的奧祕。有些人可以用技巧去參悟它，但

卻沒有人能將它描述出來。也有一些人，雖沒有任何技巧去展示自己，卻真的到過至聖所，並且眉宇間隱約帶有從那裡折射出的光芒。

　　米爾頓在年輕時曾親眼見到那至聖所，但是後來他卻忘了，在這喧囂而混亂的塵世之中，他忘記了曾經看到的一切。只有到過至聖所的人才能認出其他曾經涉足者的腳蹤，並且他們絕對不會認錯。我不知道在他的生命中到底發生過什麼，讓他有了這樣的變化，因為從外在的表現中無法找出這種差異。在此，我會謙卑而誠懇地說，我曾進入過那樣的內室之中。雖然很難描述到底是在何時何地有過這樣的經歷。我在內室之中的所見所聞，沒有運用任何完美的技巧，也沒有使用任何表達方式來描述。但自從我去過那裡之後，我時常會意識到是否別人也曾到過那裡。有時我在讀書或是欣賞畫作的時候會看到些許痕跡，有時我可以從一個不經意的眼神中發現端倪，有時則是默默的唇語。它不關乎知識，也不是直指成功的傲慢。事實上，它經常是指一個柔和謙卑的靈魂。它沒有定型，卻是一種思維的形態，一種思想的品性。經歷過這些的人，有些甚至在世人眼中，是十足的罪人，沒有快樂也不知滿足。但他們從未向本性屈服，也從不是冷漠或卑劣之人。冷漠和卑劣可謂是人之本性，並非罕見，但不會在去過那個地方的人的身上找到。雖然去過至聖

之所的經歷無法給人帶來平靜、力量或是自信，但它卻是人類在這世上所能經歷的最美好之事。

有人讀過這些話語，不過認為是在捕風捉影，但我在這裡所說的一切並非空穴來風。雖然我無法完全解釋清楚這至深的奧妙，但我敢肯定，若有這樣一個有著這樣靈魂的人從我身旁經過，我定會毫不遲疑就認出他來。既然我寫下這段文字，我就知道若是有人曾涉足過這至聖之地，他們一定能領會我的意思，也會知道，我在此的所言所語不過是個簡單的真理。

有些人在宗教中發現了前往那裡的道路，但沒有人對宗教的態度會像米爾頓那樣。實際上，這個奧祕之所以偉大，部分原因在於通往那裡的道路有無限條之多，但卻條條沒有交集；得以進入的瞬間完全出乎意料。事實上，就我個人而言，我只知道自己曾經去過，而不記得究竟是在什麼時候。

正是這個祕密構成了世界上最深沉的手足情誼。這種神祕感與教義、國籍、職業、年齡、性別都沒有關係。我會說，若是上了年紀的人還能進入其中，是非常困難的，或者說是十分稀奇的。能進入其中的大多是年輕人，那些還沒有被傳統、習慣所束縛的年輕人，傳統、習慣尚未在他們的生命之路上築上隔閡。

知曉這個祕密的人，彼此會產生這個世上最為隱祕的手足情誼。他們之中不會有人站出來公開宣揚什麼，也不會把

賢人雅士都聚在一處，因為這樣的關係本就是要保持各自的獨立。一個參與其中的人可以認出他們的弟兄或是姐妹，那將是一個美好的時刻。但是他不可以用言語來描述這樣的場景，而實際來講，也沒有必要用語言來描述這種彼此明瞭的境況。有人可能會問，這樣的祕密能帶來什麼好處呢？它不會帶來歡笑、富庶、成就、或是歡欣鼓舞；但它會時不時地帶來一種深層次的喜悅 —— 這種喜悅是可以捕捉到的，是可以經受過試煉的，是可以長久保存的。我想，如果始終帶著一個確定的目的，那這個人永遠無法接近這個目標。帶著強烈欲望並渴望得到它的人總會失望，但是想要得到它的人，一定要心懷希望。如果有人不解我為什麼要寫下並出版這樣看似虛空的文字，來描述這樣深刻而縹緲的奧祕，我想說，這是因為並不是所有已經抵達的人，都知道自己已經到過那裡。我僅僅是希望我所寫出的這些話可以對一個焦躁不安的人說，你已經找到那裡了。因為有人可能在年輕的時候就曾找尋到聖地，自己卻沒有意識到，而到了中年也可能會忘記所見到過的景象。我很痛心地看到，現在我的兄弟之中，就有許多人變成了這個樣子。他們之所以蒙受這樣大的損失，都是因為他們懷揣輕蔑而睥睨的態度來看待他們的所見所聞，他們嘲笑那些懷揣這份希冀的青春與仁慈。這是上帝所憎惡的罪，是對靈魂的扼殺。

第三十八章　祕密

　　我現在已經在思想之路上越走越遠，離起初動筆的思緒越來越遠了。但這條道路卻不是我自己來寫就的。那位寫出既犀利又幼稚詩篇的米爾頓，他為我打開了一扇門，在門內我看到了一架梯子，梯子的頂端所站立的，正是被強烈的怒火所點燃的上帝。就像雅各一樣（他是我們的其中一位同僚），我也用那片地上的石頭為枕，也許這樣一來我可以擁有更為豐盈的夢境。

　　隨後，當我走在綠意盎然的高地上，我在心裡向上帝祈禱：我祈禱可以記下今天的所見所聞，祈禱每個人都可以有機會一睹至聖所的真貌，祈禱在我們尋求聖地的旅途中，上帝可以為我們引薦彼此，祈禱隨著時光推移，上帝會引領越來越多的人去一睹那隱藏著至深奧祕之處的風采，它比世上任何雍容之地更為華美。只需一瞥，就會知道，那些僅有華麗外表的宮殿是永遠無法與之媲美的。在那神祕的至聖之所，我們會見到位於中央的生命之水的源頭，從裡面湧出如水晶一般剔透的生命之泉，再分成無數細流，沿著聖殿的大門流出。當以西結看到那流淌的泉水時，雖有猶豫遲疑，卻仍真誠地感激世界的奇妙。實際上，我也可以再深入一點，傾盡心力訴說許多與之有關的故事。我可以找到許多相關的詩人和作家，有的響滿天下也有的默默無聞；我可以區分出，在他們之中，哪些是我的同路人，哪些還徘徊在門外。但我

不會這樣去做，因為這樣會引來一眾懷揣好奇心之人，困惑卻妄加揣度，想要猜透這奧祕究竟是什麼，而這並非我的本意；因為我所寫的這些文字，本不是要那些不領會其中奧祕之人徒增好奇；這些文字是要寫給那些能讀懂之人，並且，更為重要的是，是寫給那些曾經到過至聖之處卻忘記了的人。不會有人以這些事情為交易來獲取利益，並且也不會有這樣做的機會。如果有人懷揣著同樣的祕密，我或許可以在一瞬間就能感覺到其中的深意，僅僅是從一句話，甚至是一抹微笑裡。抑或我也可以將整整一個夏天的時間花費在跟一個博學的聰明人解釋這件事上，但不會給他任何暗示。因為這些事，不是靠有知識的頭腦就可以理解的，它無關緣由，無關邏輯；它是一種直覺。所以，對於一個只要自己不理解就無法相信的人來說，他會覺得我所寫的一切都那麼空洞而荒謬。唯一一件讓我感到為難的事是當我與一個人交談的時候，發現他身邊有那麼多知道奧祕的人，出於自然而然的影響，他對真理也略知一二。我有一位老友，是個虔敬的婦人，在她生命最後的日子裡，她在房間裡長久地禱告，唱讚美詩。房間的籠子裡有一隻鸚鵡，牠總是安靜而專注地待在那裡；不久，當鸚鵡生病之後，牠也開始學著像牠的主人一樣禱告，唱讚美詩，幾乎到了以假亂真的地步。牠與我之前提及的那些人是同理的。前不久，我跟一位聰敏的女士進行

第三十八章　祕密

過一段長時間的談話，與她同住的男人曾經見到過那樣的真理；當我幾乎就要認定她也是掌握這樣真理之人的時候，她突然說了一句對自己很嚴苛的評價，然後我才發現，她其實從未走進過那至聖之所。

　　我現在說的已經夠多了，是時候要收尾了。我記得很久以前，當我還是一個孩子的時候，我用畫板畫了一幅畫，並把它掛在了我的房間裡。畫中畫的是一個跪在山丘上的年輕人，目光朝上，山丘擋住了太陽，卻擋不住太陽的光輝。在畫的下面，我竟然出於莫名的原因寫下這樣一行字 —— 我注視著光芒，心懷畏懼。在那個時候，我其實離真理還遠得很；但現在我意識到了，那時的我預見了它應有的樣子；因為當你心懷畏懼時，離揭示這奧祕也就不遠了。這種情感不是膽怯、戰驚，而是一種神聖而美好的敬畏。我從未想過將會有什麼降臨在我身上；但當我現在真的見過它的樣子，我只會誠心誠意地說，最好能時時記得它，即便能感受到悲傷，總要強過忘記所見過的一切，付之一笑。

第三十九章　訊息

　　我昨晚在一間古老的宅院借宿，今晨，有一陣低沉而甜美的歌聲把我喚醒。風琴的聲音低柔婉轉、清晰可辨，伴著清亮的高音 —— 那聲音雄渾有力，彷彿在娓娓訴說，同時又將琴聲融入其中並賦予了感情。我聽到這樣的歌詞 ——

> 大祭司每年一度
> 得以進入聖所之中
> 他的袍子潔白無瑕
> 那是上帝的恩典之日
>
> 沒有眾人在旁站立
> 獨自進入無人能及之地
> 焚香又立血為記
> 他為眾人獻贖罪祭
>
> 然而吾輩毋需久耐
> 短暫時光悄然流過
> 聖父現於吾輩之前
> 耶穌為吾眾罪而死
>
> 天父到彼地以前
> 他犧牲而為人代求

第三十九章　訊息

長久堅持禱告不止
他為吾輩擔罪代請

　　美妙的歌聲停了下來，但卻餘音繞梁，隨後，禱告的聲音響了起來。據我所知，那是來自宅子裡的一間小禮拜堂，他們做了一個簡短的晨禱。但我不禁對那個吐字清晰有力的聲音感到好奇——那聲音彷彿就在我的耳邊迴響。我起床，拉開窗簾，發現天已經亮了；隨後我發現，在我房間的角落，有一個小小的窗子，可以看到禮拜堂的走廊，窗戶恰巧開著，我不知道這是一個巧合還是有人刻意為之，但這恰好讓我也變成了這場主日聚會的一位聽眾。

　　我沉浸在讚美詩的歌詞之中，這歌詞很是熟悉，但奇怪的是它僅在幾本詩集中出現過。歌詞寫得非常不錯，既有凝重的語言，又十分地和諧；並且，在創作的時候又恰到好處地充滿了強烈的戲劇性。它扣人心弦又短小精悍，篇幅適中，在我的腦海中迅速地勾勒出了一幅畫面。它對我而言也不失為一種開啟全新一天的美好方式，美好的感覺湧上心頭，美妙的歌聲在此更是錦上添花。而後，我的思緒開始越飄越遠。這個小小的主日聚會很美妙，有著崇高的思想和柔美的詩歌，但我開始思考，我們是否將自己的宗教信仰局限在了一系列的框架之中了。如果真的存有這樣的想法，那未免太不知感恩了。

但是，我感到這是一種存在於生活之中的困惑，有時甚至還沒有被人意識到，那很久以前的犧牲儀式是跟他們有著緊密聯繫的。簡單的來解釋這一點，其中的精妙內涵，就是那個源自於歷史上的黑暗時代，人類的創造者因人類的固執和囂張而義憤填膺，惱火不已，需要將祂的永生之子長久地作為中間的橋梁，而神的兒子從某種程度上來說，也是神本身，來熄滅祂對所帶領之羊群的惱怒。我的腦海裡實在是無法想像出這樣黑暗的信仰。我也並不完全懂得，為什麼上帝會允許人類變得這樣盲目而罪惡，為什麼上帝會允許苦難和黑暗在這世界上肆虐。如果我認為是神將人放在這可悲的世界中，讓人在充滿試探的環境下相互競爭，並最終離棄了神本身，整日以追隨魔鬼為樂事，以至於令祂憤怒，那麼我對神也好，對有神性的人也好，都會產生絕望之感。我寧願相信，我們是在光明中成長，在光明中奮鬥，並且上帝的心是與我們在一起的，並不是要在奮鬥過程之中拋棄我們。當然，也可能有人會說，那種喀爾文主義早就不見了，一個理智的基督徒才不會去相信那一套，他們都懷有更宏大、更廣闊的信念。對於一些很聰明的基督徒而言，這可能是真的，當他們拋棄喀爾文主義之後，他們會覺得很難判定他們的信仰在哪裡。隨著喀爾文主義在英國逐漸衰落，我不認為，有任何理由可以印證這樣的假設。我相信，在英國有一大部分

基督徒會認可上述引用的讚美詩節選，無論是從聖經經文來看還是從其他的角度來看；同時還有一批少數派，並不認為上述內容表述得極為貼切。

　　但這就引起了我對一個更廣泛問題的思索。談及上帝的啟示，我們無論在言語或是想法上，都不夠謹慎。我們，或是說，在宗教背景之下成長起來的人，知曉以色列歷史和眾先知，這樣的人會傾向於認同上帝的智慧是透過這些經歷焦慮和困苦之人的記載而保留下來的，比我們所了解的周遭世界內容更豐富，表述更直接。無論是田野還是森林，無論是海洋還是天空，上帝給予我們的啟示都更為鄰近，也更為直接。在古代典籍中我們讀到了先人的思想，看到他們執著於自己的理想並為之奮鬥，上下求索尋找上帝傳遞出來的訊息，堅信人類能以一個家庭為起始而創造歷史是受到上帝格外恩待照顧的。上帝對人類的心意時刻圍繞著他們，可以用成千上萬的形式來表達，飛鳥、走獸，花朵、樹木都只是表達形式的一種。祂准許生命的出現，也包容這個生命的一切。祂賜予他們喜悅和痛苦，出生和死亡。科學已經證明這個世界是由一種巨大的神祕力量來維持運轉的，這是遠古時期的人們所無法想像的。

　　那我們所做的就是將自己的信仰局限在這樣古老的預設之中嗎？毫無疑問，這裡面的確是有真理在庇護，但我更加

確信，上帝旨意是時時圍繞在我身邊的，在每片田野、每片森林、每一條溪流、每一池湖水之中。但我真的相信，讚美詩中所描繪的景象也會出現在那遙不可及的天堂中嗎？讚美詩中所假設的，說我們所處的這個小小星球是唯一一個由上帝之力指引前行的星球。但科學對我的提醒則是，每一顆掛在天空上的星星都由它們的星系環繞，生生死死也在它們枝中上演著。這真是個讓人頭暈的想法！但如果這是真的，那我們直接面對不是更好嗎？大腦因著這樣遼闊無邊的未來之境而感到戰慄。但不正是這些想法，讓人能更清晰地認識自己、認識到自身的渺小嗎？相比於那些古代立法者和先知們的哀傷的夢想，這樣會更真實有效。還是我們要繼續自欺欺人，有意將我們的視野禁錮在某一單一種族的歷史上，僅僅局限於史料記載中的某幾個世紀的歷史片段上呢？也許那會成為一種更為實際有效的視野，但一旦這樣的廣闊思緒被放入我們的頭腦之中，就無法再忘掉它們了。

似乎周圍的一切都在聲嘶力竭地警告著我，不要企圖窺探這深奧的祕密，告誡我要等待，敞開心靈之窗，總會有機會從中瞥見那真理的。

為了消磨時間，我拿起了身旁的一卷書，是備受爭議的詩人華特・惠特曼（Walt Whitman, 1819-1892）的作品。除去精湛的表達技巧，相較於其他人的詩歌，他的詩歌似乎總能

進入那廣闊的世界裡，用心去描繪生命的神奇與喜悅。我讀著他的〈大海的聲音〉，感受到文中飽含著的溫柔的感傷和啟示。他筆下的小男孩，任風吹過自己的髮梢，聆聽痛失同伴的鳥兒哀嚎，試圖幫助那隻鳥兒重返舊巢。當那鳥兒鳴叫的時候，聲音越加的悲愴，牠那小小的心臟因失去愛侶而劇烈地抽痛著。就在那時，男孩聽到了大海的聲音，看到了那「湧動的海岸線和溼漉漉的沙灘」，聽到大海說出了那個既沉重又美好的字眼：死亡。

　　這首詩彷彿將死亡看成了所有人心馳神往的一個歸宿，因為疲憊的雙眼終於可以在這永久的沉睡中合上了。但我卻不願用這樣柔和而溫馨的詞彙來談及這個想法。

　　如若死後真的有另一個世界的話，我可以很輕易地相信，死亡的確是要比恐懼來的容易；彷彿就是山丘上的一片雲朵，為大自然投下些許陰影。上帝在我心裡種下了恐懼，因為我實在不知道，死後是否會有另一個世界。雖然我不知道另一頭的事情，我仍然可以熱愛我的生活，不辜負這大好時光。世上所有的宗教都是讓人相信，靈魂從肉體中得到解脫，將要得到安息，而記憶則被存留。但這比希冀多了些什麼嗎？它是否是內心衝動的一種直覺，無法承受那種一切將逝去的念頭呢？

　　我的思緒似乎早就飄離了耳畔的甜美歌聲；但當我回到

思緒之中時，我會問，詩人的幻想 —— 溼髮在海風中飄揚的孩童，失偶小鳥的哭號，喃喃低語著死亡十分美好的波濤 —— 這一切難道不比描述情境的讚美詩歌更能體現宗教的內涵嗎？讚美詩所描繪的，我無法證明其真實性，即便是真實的，也會讓我陷入深不見底的絕望之中，比我自己的無知導致的無望還要嚴重。難道我們不應該讓宗教變得更廣博而寧靜嗎？難道我們不是一直在用樹林中的鳥兒自由歡唱去換取鎖在籠中的紅雀的啁啾哀鳴嗎？對我而言，我們彷彿總是從芸芸眾生之口得知關於上帝的事情，思想受到禁錮，關閉感官，從而摒棄了更廣闊世界裡的其他聲音。

今天，我走在樹林陰翳的峽谷中，忽然看見一條孤僻而寂靜的小道斜斜地通往一扇門，帶領我來到一片林中空地，我開始觀察樹木們那忙碌而堅韌的生命力。嫩葉在雨中伸展，鳥兒們在樹木間跳來跳去，一隻老鼠跳竄著跑過草木茂盛的小路，林間百花齊放。而我猜，所有這些小生命都對生命的長短沒有任何概念；每個生物都知道自己的小腦袋裡裝著怎樣的祕密和直覺，並大概能猜出與它們類似的動物的所思所想。然而，哪怕是最細、最小、最卑微的生命在主的心中都會占有一席之地。那時的我心想，就這樣斷言、描述、界定我們那位神祕、令人敬佩的創世主，是多麼激動卻又傲慢的一件事。單是想一想《舊約全書》中對祂的描述，那凶

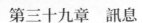
猛而又充滿復仇之念的計謀,以及那明目張膽的偏愛,在我看來只是駭人的褻瀆。但是這些從舊教會流傳下來的古老記載,在某種程度上也影響了我對祂的想法。

　　然後,所有令人焦躁的圖景都離我而去。有一段時間內,我感覺自己像一片在無垠的大海上漂浮的水草,頭頂是耀眼的晨光。我感覺自己確實處在主安放我的地方,而且若是我的心臟和頭腦太小,以至於無法容納真相時,我仍要感謝主至少給予了我有關神祕、寬度、深度的概念;我曾向祂祈禱,希望祂能給予我足以能夠承載的真相。而且,我確信主確實滿足了我的願望,我的確是主的一部分,而並不是與主分離的外物,甚至不是祂的兒子或是孩子,而是祂本身。

第四十章　死亡之後

一天晚上，我在夢境中看到一個奇怪的景象，因為這個場景的神奇和怪誕之處，若靠我自己已無法理解，所以便忍不住記錄下來。它暗示的是什麼，又有什麼淵源，我無跡可尋，因為它只是在一片空虛之中來到我面前。

在這夢境中，一群群陌生的身影在隱蔽的過道中快速穿行，四周壓抑而晦暗，讓人迷惘焦慮不已。而在這段恐怖而迷亂的夢境之後，我忽然心情變得無比輕鬆愉快。我感覺自己似乎是或坐或躺在懸崖頂部的一塊草地上，沐浴在明媚的日光裡，面前是萬丈深淵，環視左右可以看見嶙峋的岩壁。我的身後是一片草坡，清新的風陣陣拂過。天空萬里無雲，再向下望去，可以看到一片藍色的海洋，海浪拍到金黃沙灘上，化成朵朵浪花。向左望去，一條河從小村莊中流過，最後匯集在教堂周圍。我俯視下面小房子的屋頂，看著人們像螞蟻一樣，來回走動。河水在土地上蜿蜒伸展，閃著水光流過淺淺的河道，最終匯入海洋。在左邊更遠的地方，層層的海岬影影綽綽，右面則是一片廣袤的水源豐富的平原。青色的山丘起伏，點綴著茂密的林木和大大小小的村落。海上都是往來的船隻，帆鼓滿了風，陽光灑在上面分外耀眼。耳畔

第四十章　死亡之後

只聽得見風穿過草坪和石壁發出的低吟。

　　但我很快意識到，我對這個場景所有的感知與過去相比，有著極大的變化，這一認知讓我又驚又喜。我曾經描述過所聽所見，但如今看來我從未真正見過、聽過。在這一刻，所謂感知，即聽覺和視覺，並無差別，實則一致。比如，我可以在同一時間觀覽全景，將身後和面前的景象都盡收眼底。我除了陸續展開對場景的描述，別無他法。但這場景其實是同一時間呈現在我的腦中，我無需把注意力從一個點轉換到另一個點上，所有的一切都擺在那裡，供我領略，這種整體感真是無法言喻。接著，我又意識到，雖然我自稱當時是坐著或是躺著，但其實那時的我並沒有軀體，只是一個有知覺的質點。我忽然又意識到，將這份感知力轉移到另一點上，其實只需要意志力的轉移。對此，我是能夠予以驗證的：最開始，村莊在我下方很遠的地方，可是下一秒，它們就近在眼前了，我感覺這些房屋以及人們的臉龐觸手可及。而再下一秒，我又被埋身在懸崖中，周身都感覺到岩石和石塊上的裂縫。之後，在意志力的作用下，我又來到了海裡，看到上方罕有人跡的沙灘，頭上是被陽光照亮的藍色海水。我看到魚兒在上方游游停停，一條條海草在海水中搖擺飄揚，貝殼類動物如巨大的蝸牛在軟泥上爬行，螃蟹在成堆的卵石間飛快地爬來爬去。然而，不知是什麼原因，我又回

到了第一個場景。之後，我像鳥兒一樣，停駐在那裡，然後開始了一場極樂的夢境。忽然，一個念頭闖入我的腦海：我方才所經歷的，不正是過去常說的死亡嗎？所以現在眼前的一切，就是昏暗長廊那一頭的景象，這樣明亮，這樣無拘無束，意想不到的安寧！我絲毫沒有為了什麼而費心，或是為了什麼感到焦慮。似乎沒有任何東西可以打攪到我的安寧與幸福。我的心中唯有同情，同情那些仍被壓抑在心神不寧的形骸中的人，他們在讓人神傷的困境中，焦躁、憂傷、煩惱、茫然，條然不知困擾著他們的死亡陰影所遮擋的正是那扇通往幸福之門，那種幸福完美且無法言喻。

我感覺到，所有能感知到的東西，都清楚地浮現在我的腦中，我可以看穿所有的謎團，看到所有想親眼目睹但從未到過的地方。但此時此刻，我沉浸在安寧和祥和的幸福中，只想置身在無盡的安逸中。所有的厭倦與不安都與我無關。我得到了絕對的自由和幸福。我確實曾牽動意念，讓自己回到曾深愛的家，看到那座昏暗的房子裡，我所愛的人在房內走動，面帶憂傷。我看到母親坐在那裡，讀著大概是我寫給她的書信，我知道她正在抽泣。但我卻悲傷不起來，因為我知道，溢滿我全身的這份寧靜和歡愉，同樣也會眷顧他們。在有了這個新認知後，那條黑暗的長廊和對人類而言最疼痛的折磨，都顯得無不足道了。我很快又回到了懸崖頂，舒舒

服服地等待、歇息，沉溺在這份幸福之中，而不用擔心這有絲毫的私心，因為這份滿足是如此的純淨且自然至極。

就這樣，在等待中，我突然感覺到身邊存在著一樣東西。它沒有外在形態，但我知道它是一個充滿愛和善意的靈魂，我感覺它已歷經滄桑，然而它並不是聖靈，因為它並沒有讓人產生敬畏之感；然而它又不太像人類，感覺倒像是曾經為人，但又昇華到了一種更高層次的感知，讓我感覺到一種深沉而又純粹的陪伴。現在，我又發現，我用意識跟這位新夥伴進行著某種溝通。這種溝通並不用言語，只是用思想，然而我只能將它用文字表達出來。

「是的，」靈魂說，「你能讓自己歇息並幸福著，這難道不是一種完美的體驗嗎？雖然你已經經歷了很多遍，但在未來你將會再次經歷很多遍。」

然而，我猜想自己並沒有完全聽懂其中的意思，於是問道：「我並不明白，不過我確信有一點是肯定的：我是不是已經經歷過死亡了？」

「是的，」靈魂說，「而且經歷過很多遍了。這是一個非常漫長的過程，等你有時間追憶，並已習慣了這些美好的新變化之後，你會很快記起來的。你僅僅回歸到我們這裡一點點。你也知道，最開始的時候，人都是需要有這樣一次的，因為我們在生命耗盡之後，總是需要一些東西讓精神振奮和安寧，讓自

己宛如新生，這樣才能足夠強大來面對之後的事情。」

一瞬間，我幡然醒悟，曾經的上一段生命，就是在不同時間和地點曾經生活過的生命，每段生命過後，我回到了讓人愉悅的自由中。

一個念頭閃現在我的腦中。「我一定會再次重生嗎？」我問道。

「哦，當然，」靈魂說，「你瞧，你很快會重生，但現在先不要管這些；你到這裡來，就該飽覽這豐盛的美景，等到你再次回到渺小的生命中時，你只會記得些許短暫的瞬間。」

然後，憑著直覺，我感覺現在我來到了一個黑暗城鎮中的一條狹小而骯髒的街道上。我看到衣著邋遢的女人進進出出，我看到滿身汙垢的小孩在排水溝裡玩耍。破敗不堪的房屋上空是工廠排出的黑煙，廠房的百葉窗子後面傳來嗡嗡的聲音。我頓時心頭劃過一絲憂傷，因為我明白了自己將在這裡降生，在這悲傷而又骯髒的環境中，哭泣著成長，終生在惡習、貧窮、酗酒和艱苦勞作中掙扎，度過勞苦艱辛而又無望的一生。回想起上一段生命中那種自由的環境，以及富庶、舒適生活，一時間，我心中生出難以忍受的恐懼感。

「不要這樣，」我聽到靈魂說，因為我回到了它身邊，「這是毫無用處的想法，這只是一時的，你最終還會歸於平靜的。」

第四十章　死亡之後

　　但這個悲觀的念頭一直如陰影般揮之不去。「逃不掉了嗎？」我問。聽到這話，靈魂開始責怪我起來，但語氣顯得並不生氣，反倒是充滿了耐心和同情：「人難免受苦，但卻從中獲取經驗，並得到昇華。」接著，又輕柔地說道：「當然，我們無從知曉為何定要如此，但這就是上帝的意志。無論人們將會在這個黑暗的世界裡遇到多少疑惑，經歷多少磨難，我們永遠都不應懷疑這其中的智慧與愛。」這時，我忽然意識到我從未懷疑過，而且無論以後被送往哪裡，我都會心甘情願地前往。

　　之後，我開始關心起與我交談的靈魂。我問道：「那麼你從哪裡來，是做什麼的？我感覺我們很相像，可又不太像。」它回答說，「你說得對。我不必再回到那裡了，這一切對我來說都結束了，我一步也不想踏上那條黑暗之路。關於我所在的地點和該做的事，我無法向你解釋。但我年事已高，見識過了很多事。我們只會一遍又一遍地回去，並不是為了等到我們成為完人，而是要等到我們已經完成了自己的旅程，等到這份安寧中的幸福漸漸強大，具有更大的承受力，因為我們變得更加強大、淳樸、真誠，這樣周遭世界就再也無法對我們造成大的傷害。我們明白了不能隨意去評判別人，當看到他們殘忍、惡毒、自私的一面時，我們心裡就會知道，他們只是剛入門的孩子。每當我們回歸到這裡，就會發現邪惡

越來越少，希望越來越明朗，直到最後完全看清。」看出我似乎想向它求助，它開心地說：「是的，我意識到了。」不久之後，我獨自沉浸在這份幸福快樂之中。

我說不清這對話持續了多久，但如今，我感覺自由和輕鬆的感覺比過去少了一些。很快，我知道自己已經與塵世產生了連接，一段空白過後，我醒來，回歸到了原來的世界，又開始了種種擔憂。

不過，為我帶來希望的一切雖然已經消失，但我認為它們不會徹底棄我而去。在我渾渾噩噩的頭腦中浮現出一個畫面，我並不知道這是什麼，但它的輪廓是那麼清晰明瞭，我不禁想到，一些深邃而真實的事物正顯露在我眼前，那是存在於我們這些渺小而躁動人生之外的明朗的天空和純淨的天堂一隅。

第四十一章　永恆的意志

　　我清楚地知道，在講述上面這些事情時，並無技巧可循，因為我並不了解哲學或是玄學。於我而言，哲學書就是一堆思想的坯料，直到藝術工匠用他們智慧的頭腦，將之築成充滿生機的房屋，它才具有意義。正如一片淺淺的水塘，能夠映射出星光閃爍的無垠夜空，這些長期存在於我們言行之中的問題，可以暫時在我淺顯的頭腦中被反映出來。

　　正如一位老詩人所說，這種哲學思想的唯一價值是它會教導我們用一種坦誠而真摯的心態，耐心地等待主的來臨。而我自己的人生哲理則更簡單，那就是，如果我能越來越真誠，就能獲得我所欠缺的力量。我們這些脆弱、神祕、讓人費解的人類，更應該以謙遜的姿態滿懷希望地等待主的來臨，絲毫不企圖深究這些深奧的祕密，甚至連想都不要想。我們只需堅信，我們要真誠地對待內心，而不期盼著把忽視或迴避我們的所見所聞作為解決問題的方式。我們發現自己身處世界中，與特定的人有著必然的聯繫，被賦予了特定的特質，會犯錯，會有恐懼，同時又懷揣希望和喜悅，有所愛又有所憎。罪惡如影隨形，即便知道它威脅到我們的幸福，可我們還是不可避免地一次次落入它的手掌中。在靈魂深

處，有一個聲音一次次地向我們強調著，我們能期望得到的最美好的事物，無非是真理、純潔和真愛。雖然不能全然做到，但我還是盡全力去遵守，因為這是所有召喚我的聲音中，最響亮而清晰的一個。我認為所有的經歷，無論甜蜜還是苦澀，無論公正還是不公，都源自這股巨大的力量，正是它都造就了今日的我。於我而言，世界上最具能量、最美好的事物，恐怕就是和平與安寧，而正是這種潛在的力量正將我帶向那裡，每當我努力想脫離煩惱、悲傷或是絕望時，就會加速帶我向那裡前進。聖言說：「將所有的關心都給予祂，因為祂也同樣關心著你。」而且，當我放棄理性跟隨直覺走時，感覺自己離真理就更近了一步。最近，我為了一個惱人的問題前思後想反覆斟酌，費勁了心思卻毫無頭緒。我曾經在那時就知道，這一切都是徒勞，等到時機適宜，自然會水到渠成。等到那時，我就可以告訴世人這一切是如何做到的，以此來證明神聖之手是如何給予我完美的引領的。我人在旅途，腦中所想盡是這勞頓的路途，每一步都要反覆審視權衡利弊。我無法讀書，更無法看到外面的世界。火車到達了一處令人乏味的鄉村火車站，列車員將我們的車票收走。號誌燈一亮，火車再次啟動。就在此時我豁然開朗，心中明白自己該要怎麼做，並抱有一種毋庸置疑的肯定。我的理智曾預料到了相反的決定，但是我當時沒有任何疑問或是猶

豫。唯一的問題是，我要選擇在何時，以怎樣的方式來宣布
這個結果。可是等我在當天下午回到家時，看到一封信已經
在家裡等候我多時，而正是這封信給了我最期望得到的一次
機會。而且，正如我料想的那樣，這封信正是在我下定決心
的一剎那寫下的。

我對這段經歷的描述比較詳細，因為這個例子可以很好
地說明決定是如何突然降臨的。然而，對於決定之前很多天
的焦慮和胡思亂想，我也並不怨恨，因為正是它們讓我知道
了自己天性中的軟弱。但這一切真正的奧祕在於，我們應該
珍惜當下，珍惜每一小時、每一分鐘，不應把時間都浪費在
杞人憂天和追悔莫及上，只要盡可能全身心地做好眼下的事
就好。同時，人們也會漸漸地明白，把所謂的宗教拘泥於定
時定點的禱告，或是絕對的莊嚴，是所有錯誤中最讓人痛心
的一個。憑著我前文提到的直覺去過生活才是宗教的宗旨。
哪怕是最微不足道的事情也應該得到詮釋，一言一行一念都
有極其深刻的內涵。人們不再為了使命感而誠惶誠恐，人們
不再費力氣去打動或感染周遭，他們只是一心關注著言行是
否得體——或許將其稱之為「目的」也是不妥當的，因為此
時的我們不會再有諸如「目的」或是「努力去做」之類的念
頭，唯一需要做的，就是感受那隻溫柔的手要把我們帶往何
方。而痛苦只會在我們執意違背自己的意願、放棄自己的快

樂時才會降臨。

　　我之所以希望這本書能在不冒犯任何人的情況下，用寥寥數語對我的兄弟姐妹道明人生真諦，是因為我堅信自己所描述的東西都是真相，我不允許任何人因為計較我自身行為中的不足，而忽視被我努力用文字來表達的理念。我心中明白，自己還遠沒有達到那種程度，還需要繼續歷練，也無法把尚不可靠的執拗質疑告知眾人。然而，世上總有那些可以摒棄常規及偽善的人，他們懷著一顆謙遜的心時刻準備做出犧牲，全然無懼地將自己完全交到上帝的手中，這些祕密正等待著這些人去發覺。社會、團體、儀式、形態、權威、教條，這些都是外在的。人們必須悄悄地在心中最隱蔽的角落，無聲地找到那條孤獨的路。一旦這條細長的路徑出現在我們腳下，世界上所有複雜的關係都會變得簡單而明朗起來。我們無須改變生命軌跡，不用其他人的指引，也無須尋求新的環境，因為我們的指引者就近在身邊，甚至比朋友、兄弟或是愛人都要更加親近，而且我們知道，我們正如主所希望的那樣待在本就屬於我們的位置。這種信念會在一瞬間，消滅我們在與他人接觸過程中產生的尷尬，以及對待自身時產生的焦慮。對待自己時，我們只需期望做到忠實、無畏與真誠；對待他人時，我們要努力做到有耐心、溫柔細緻、心懷感激並充滿希望。即便是要責備，也不要尖酸刻薄，不

第四十一章　永恆的意志

應出於個人的虛榮，而夾雜任何怒意。如果我們要表示讚揚，也不應吝嗇溢美之詞；我們不應將自己視為具有影響力的核心人物，左右他人的言行；但我們要清楚自身存在的失敗之處和面臨的困難，並同樣清楚地認識到其他人也像我們一樣受到指引，在認識到自己的同時，也了解到每個人都得到主的特殊關懷。我們既不會推搡著擠到前面去，也不會不安地在人群周圍徘徊，因為我們的位置和道路是既定的。我們可以追求幸福，但不應憎惡痛苦。最苦悶憂愁的日子在所難免，它們是我們靈魂中的既定之事。我們必須喝下藥劑，而不懼怕其苦澀的味道，因為那是主賜予我們的。基督教徒在這種想法下，才會開始關注《福音書》的歷史基礎，這一點只有在心平氣和中方能領會；因為那裡或許記載著這世上唯一一個人，唯有祂能在人生中的每分每秒，哪怕是最黑暗的時刻，都徹徹底底地遵從聖意。在這束光下行走的人們必然是基督教徒，就如祂必然是一個人類一般；祂對基督的教義忠誠不二，一如祂對人類的物欲橫流毫不在意。

想要擁有這個祕密無須從世界中隱退，無須切斷任何連繫，無須踐行宗教儀式，更無須努力做到思想清明。它就像陽光和空氣一樣簡單，並不需要抵抗、不用注意措辭或是有所放棄。它的反抗只表現為不予以關注，它的措辭則是一段真誠的話語，它的放棄則是指它本就要做的事情，而不是真

正放棄要去做的事。它會遵照內在聲音發出的指令，決定去留。它不會去強求不可能的事，亦不會刻意地標新立異。隨著時光的流逝，我們可以清楚地看到，這條路變得平坦，弱點得到改善，罪惡被沖洗乾淨。它不會對任何其他生命做出評判，不會想方設法達到某個目標，有時，它也會抗爭、哭泣，有時也會平靜。它僅僅只是輕柔地與主的意志保持一致，就像潮汐在月亮的作用力下而漲落，時而伴隨著聲響一浪高過一浪，沖過滿是泥沙的河道，河上漂浮著許多船隻的河面，時而輕柔地沖刷著某個幽靜港灣的白沙灘。

第四十二章　待到傍晚

　　有時，我會在一座老房子的平臺上駐足，那是我經常待的地方，我時常在那裡欣賞掛在牆上那幅色調暗淡的、幾近褪色的水彩畫。我並不覺得這幅畫的作者技藝高超，可又覺得畫中有著某種寓意。它似或描繪了一片開闊的高地、窪地或荒野，那裡生長著一些低矮的灌木，它們在風的吹拂下恣意生長；近處有一條小路，蜿蜒延伸到遠方的平原上；一大片林地枝繁葉茂、密不透光，斑斑點點地露出幾塊空地。遠方的地平線上是遠山的輪廓形成一條模糊的界限。此時剛好日落黃昏，天空還布滿了蒼白而清澈的亮光，萬物還沒有褪去本身的顏色，但也在逐漸變暗。在道路中間，站著一個人，他背對著我，用手遮在眼睛上面，向著平原深深凝望。看樣子，他像是一位旅人，雖然看起來疲憊，但精神依舊很飽滿。他的身上散發出一種寧靜而平和自在的感覺，至於這是如何傳達出來的，我無從知曉。他看起來還需要趕很長一段路，遙望之後則發現，自己已經離家越來越近。這幅畫承載了一個簡單的故事：待到傍晚。

　　對我來說，這種畫面通常意味著一種優美而莊嚴的內涵。只有這樣，我才能接近朝聖之路的終點。雖然疲憊，內

心卻很平靜，並確信會得以歇息，並受到歡迎。早晨的清新與愉悅早已消失，邁著堅實的步伐已然走了幾個小時，白天的暑氣已經散去，眼前唯有影影綽綽。黑暗的灌木叢間吹過陣陣涼風，夾帶著林地的氣息，以及從長滿燈芯草的山谷中傳來的濃郁香氣。在夜幕降臨前，旅人會推開那再熟悉不過的大門，看見燈光從家裡的窗子透出來，黑黑的煙囪和三角牆在綠色的天空中凸顯出來。愛他的人正在家裡等待他，聽著他的腳步聲越來越近。

這些難道不容易實現嗎？人類靈魂的宿命又有多大可能，會像被人糾纏追逐般，沿著逐漸變黑的小道，一路蹣跚著逃跑，包裹在令人眩暈和恐懼的氣氛中，慌忙地說著可憐話。然而，人們更應該去親近主，將無比珍貴的生命交付到一雙小心翼翼的手中，只要是主的意思，即使是要其歸還生命，也要做好準備去遵從。主賜予我們勇氣和信任讓我們生活下去，當主召喚我們時，我們可以心甘情願地死去，面對那扇通往未知之路的大門，暗自滿懷信心！

結語

　　這本書猶如我的生命之書中的一部分。現在，我會盡量用寥寥數語，概括一下我寫該書的目的，雖然我還是希望已經有讀者自己領悟到了。「生之金線」有兩大重要特徵：一是耀眼，二是堅固。耀眼是指它能在黑暗中不斷發出一抹珍貴的亮光，我們提著一盞燈照亮腳下的路，而閃爍著的正是這光亮的反射以及發自其內心的一抹光亮。同時，它也非常堅固，很難被弄斷，它能真正地引領那些已在山洞中徘徊許久，弄得灰頭土臉的人們，走出那漆黑的小道。

　　我們即將走過的世界大多是黑暗的，在這段旅途中，我們需要擁有這兩大品格，它們似是一種極其火熱的本質，或者說是靈魂中一份耀眼的熱情；或一種高貴的性情，渴望所有高貴和唯美之物。對於第一點，我們還要加上一種清醒而平靜的情緒，是一種含笑的淡定，一種目的最真摯率直的表現，它將引導我們在產生新的想法或觀點時，不會過快或太執拗；因為，當真實的經歷與希冀不一致，或是結果與我們期盼和預料有差距時，我們心中會升起一股焦躁的惱怒。在面對生命時，我們要保持一種包容而果敢的態度，嘉許人們崇高的目標和高尚的理想，在未見理想達成時也不氣餒；並

相信雖然我們看不到這些偉大的力量，但也要堅信它們是存在的；之後，更要懷著堅定而忠實的信心，保持積極的期盼，確信我們正得到溫柔而睿智的引領，對於主在這段旅途中展示給我們的所有事物，即使會讓我們迷惑、失落，甚至恐懼，只要我們能正確地解讀它們，我們就要相信它們都擁有非常偉大而美好的意義。不僅如此，即使這些祕密遲遲未到我們的靈魂旁邊，這其中也蘊含著一種於我們的靈魂而言，強大而溫和的美德。

熱情和安寧這兩個重要的特質，是相互依存的；如果我們只追求熱情，熱情也會變冷，世界也將沉寂，然後我們就會墜入一種憤世嫉俗的痛苦情緒中，直到火焰燃燒殆盡。

我們也不應單純追求安寧，因為我們可能會墜入一種寧靜的默許，自私地無所作為，我們的平靜因渴望而振奮，我們的狂熱則因從容得以平復。如果一味追隨熱情，我們會焦躁不安，進而心中不滿；如果我們一味追求安寧，就變成了原野上壓抑本性的野獸。

儘管年過半百、兩鬢斑白，我仍然想每天都問上一百遍，世間萬物為什麼會是這種樣子，心中想著如果不是這樣該有多好；而有時，又會每天感激主，對世間萬物做出這樣的安排，並讚美祂向我展示的是祂的意志，而非我的意志。因為這才是其中的奧祕：我們不可以跟隨自己的一時興起，

不然會變得易怒而自我；同時，我們也不應像在漩渦中打轉的樹枝，柔弱地依附在主的意志上。我們應該做的是盡己所能與主的意志相一致，抓緊時間用所有的力氣前往主指引給我們的地方，並在主告訴我們不再前進時，毅然決然地轉過身去；在兩條路面前需要選擇時，要像一隻小狗那樣熱切地等著主人做出選擇；一旦得到指示，牠就會興高采烈地向前奔去，用盡力氣歡呼雀躍。

祂引領著我，祂指引著我，但祂還是給了我一顆躁動不安的心，給了我不羈的渴望；我並不是說我會跟隨這些欲望，並屈從於它們，我會耐心地揣摩主的意志，並把它做到極致。

主啊，寬容我吧，因為我已經把自己完全交給了祢。祢給了我一顆充滿渴望的心。我上千次地在徒勞的掙扎中偏離正軌，因而沒有找到永恆的快樂。有很多次，我都筋疲力盡，憂傷不已；我也曾輕鬆而歡愉，但每當我將我的憂傷和疲憊，我的輕鬆和歡愉與祢分享之後，都得到了祢的保佑。我曾經將自己封閉在執拗的孤獨中，我關閉了心門，甚至在祢面前，依舊心懷痛苦。可祢微笑地等待著，直到我發覺，沒有了祢，我毫無快樂可言。唯有被祢托起，被祢緊緊抱在懷裡，我才能安全；因為我明白，除非我內心執意要排斥，不然沒有什麼可以將我們分離。我們遺忘著同時也被遺忘

著，但只有祢把一切都記在心裡；至少我知道，即便是我忘記了祢，祢也不曾將我遺忘。

官網

國家圖書館出版品預行編目資料

生之金線：在暗無天日的夢境中，緊緊抓住一縷
希望 / [英] 亞瑟・本森（Arthur Benson）著，
關明孚 譯 . -- 第一版 . -- 臺北市：崧燁文化事業
有限公司 , 2023.03
面；　公分
POD 版
譯自：The thread of gold.
ISBN 978-626-357-092-4(平裝)
1.CST: 人生哲學
191.9　　112000212

生之金線：在暗無天日的夢境中，緊緊抓住一縷希望

臉書

作　　者：[英] 亞瑟・本森（Arthur Benson）

翻　　譯：關明孚

封面設計：康學恩

發 行 人：黃振庭

出 版 者：崧燁文化事業有限公司

發 行 者：崧燁文化事業有限公司

E-mail：sonbookservice@gmail.com

粉 絲 頁：https://www.facebook.com/sonbookss/

網　　址：https://sonbook.net/

地　　址：台北市中正區重慶南路一段六十一號八樓 815 室
Rm. 815, 8F., No.61, Sec. 1, Chongqing S. Rd., Zhongzheng Dist., Taipei City 100, Taiwan

電　　話：(02)2370-3310　　傳　　真：(02) 2388-1990

印　　刷：京峯彩色印刷有限公司（京峰數位）

律師顧問：廣華律師事務所 張珮琦律師

定　　價：320 元

發行日期：2023 年 03 月第一版

◎本書以 POD 印製